Theodor Lindner

Der Hergang bei den deutschen Königswahlen

Theodor Lindner

Der Hergang bei den deutschen Königswahlen

ISBN/EAN: 9783743633643

Hergestellt in Europa, USA, Kanada, Australien, Japan

Cover: Foto ©ninafisch / pixelio.de

Weitere Bücher finden Sie auf **www.hansebooks.com**

DER HERGANG

BEI DEN

DEUTSCHEN KÖNIGSWAHLEN

VON

THEODOR LINDNER

WEIMAR
HERMANN BÖHLAUS NACHFOLGER
1899.

Weimar. — Hof-Buchdruckerei.

Inhalt.

		Seite
Erster Abschnitt:	Die angebliche Nachahmung der Papstwahlen	3—22
Zweiter Abschnitt:	Der Sachsenspiegel — Erwählung — Kur — Vorkürrecht	23—34
Dritter Abschnitt:	Laudare — Geloben — Kiesen	35—43
Vierter Abschnitt:	Laudatio und Electio	44—56
Fünfter Abschnitt:	Ergebnisse	56—61
Beilage I.	Das französische Protokoll von 1059	63—67
Beilage II.	Der Elector zur Zeit Philipps	68—70

Die Untersuchungen über den Ursprung des Kurfürstenthums haben in den letzten Jahren zu sehr verschiedenen Ergebnissen geführt. Während ich nachzuweisen suchte, dass die Entwicklung eine von Anfang bis zum Schluss einheitlich zusammenhängende war, behauptete Harry Bresslau, das seit 1257 bei den deutschen Königswahlen nachweisbare Verfahren sei eine absichtliche Nachbildung des damals bei den Papstwahlen üblichen. Gerhard Seeliger stimmte ihm vollkommen bei und sprach ausserdem die Vermuthung aus, die im elften Jahrhundert bemerkbare Uebereinstimmung der Wahlgebräuche in Deutschland und Frankreich führe auf deutsche Einwirkung zurück. Ernst Mayer stellte die Wahl des Königs überhaupt in Parallele mit denen für die geistlichen Aemter; es sei „wenigstens denkbar, dass die kirchliche Wahlform auf die weltliche Einfluss geübt hat". Zur selben Zeit, in der Seeliger seinen dritten gegen mich gerichteten Aufsatz mit den Worten schloss: „Und so dürfen wir wohl „endgiltig" den Lindnerschen Elector und die Laudatio verabschieden", leitete Ernst Mayer ebenfalls das Kurfürstenthum von Electoren ab, nur dass er sie anders erklärte, und erkannte er die Laudatio an als staatsrechtliche Handlung, doch von schwächerer Bedeutung.

Weil die Ansichten Mayers volle Beachtung verdienen, ergreife ich nochmals das Wort. So wenig erfreulich lang fortgesetzte gegenseitige Erörterungen sind, haben sie manchmal das Gute, dass sie die Streitfrage auf gewisse Punkte zuspitzen, von deren Klärung der Ausschlag abhängt. Ich habe meine früheren Aufstellungen nochmals sorgfältig geprüft und nach weiteren Beweisen für sie gesucht; ich glaube, auch einige neue Gesichtspunkte zu eröffnen. Ich trug kein Bedenken, zurückzunehmen, was mir jetzt nicht mehr richtig scheint, doch kann ich alles Wesentliche meiner Behauptungen vollkommen aufrecht erhalten[1]). Es ging nicht ab ohne einige Bekämpfung der gegnerischen Ansichten, doch hoffe ich, nirgends einen verletzenden Ton angeschlagen zu haben.

---

[1]) Die hauptsächlichen Schriften über die Streitfrage sind: mein Buch: Die deutschen Königswahlen und die Entstehung des Kurfürstenthums, Leipzig 1893 (KW.); Seeliger: Neue Forschungen über die Entstehung des Kurkollegs, in Mittheilungen des Instituts für österreichische Geschichtsforschung, als M. bezeichnet, XVI, 44—96; Lindner: Ueber die Entstehung des Kurfürstenthums, ebendort XVII, 537—583; Seeliger: Forschungen über die Entstehung des Kurkollegs, in der Deutschen Zeitschrift für Geschichtswissenschaft N. F. II. Monatsblätter S. 1 ff. (DZm.); Lindner: Der Elector und die Laudatio bei den Königswahlen in Frankreich im Vergleich mit den deutschen Verhältnissen, in M. XIX, 401—416; Seeliger: Königswahl und Huldigung, in der Historischen Vierteljahrschrift N. F. IV, 511—519 (HV.). Ferner Bresslau: Zur Geschichte der deutschen Königswahlen von der Mitte des 13. bis zur Mitte des 14. Jahrhunderts in DZ. N. F. II, 122—142. Endlich das Buch von Ernst Mayer: Deutsche und Französische Verfassungsgeschichte, Leipzig 1899. Zweiter Band.

Erster Abschnitt.

Die angebliche Nachahmung der Papstwahlen.

Die bekannte Thatsache, dass bei den Königswahlen seit 1257 nur Ein Kurfürst im Auftrag und Namen der übrigen die Wahl in rechtsgiltiger Weise vollzog, erklärt Bresslau für eine Nachahmung des bei den Papstwahlen damals üblichen Gebrauches. „Es kann mit voller Bestimmtheit angenommen werden, dass die deutschen Kurfürsten, nachdem um die Mitte des 13. Jahrhunderts das ausschliessliche Recht der Königswahl auf sie übergegangen war, und als sie sich nun über die Art zu verständigen hatten, in der sie ihr neues Recht ausüben wollten, mit bewusster Absicht beschlossen, die Wahl des Königs in derselben Form zu vollziehen, die bei der Papstwahl und — wohl in Nachahmung dieser — bei den Bischofswahlen üblich war. Auch ist es nicht schwer, den Grund zu erkennen, aus dem sie einen solchen Entschluss fassten" (S. 139). — „Bei dieser Lage der Dinge mussten die Kurfürsten, wenn sie einer Verwerfung der Wahl durch den Papst vorbeugen wollten, darauf bedacht sein, in beiden Beziehungen — sowohl hinsichtlich der Würdigkeit der Person des Gewählten wie hinsichtlich der Rechtsgültigkeit der Wahl — die geeigneten Vorkehrungen zu treffen". — — — — „Ein Papst konnte nicht wohl eine Wahl aus formellen Gründen für ungültig erklären, wenn sie mit Beobachtung derselben Formalitäten vollzogen war, die bei seiner eigenen Wahl eingehalten worden waren" (S. 141).

Ich muss sagen: selten ist eine Behauptung, die allgemeinen Beifall gefunden hat, so nach allen Seiten hin unhaltbar gewesen. Bresslau selbst stellt Papstwahl und Bischofswahl in Vergleich. Beider Form war keine andere, als die für kirchliche Wahlen überhaupt übliche. Soweit die abendländische Kirche reichte, wurden Bischöfe, Aebte, Pröpste und Prioren, Prälaten jeder Art, nach denselben Normen gewählt. Die Kurfürsten hatten demnach gar nicht nothwendig, ihr Mittel, den Päpsten die Wahlen genehm zu machen, aus Rom zu entlehnen; jeder Kapellan konnte es ihnen angeben. Ohnehin kannten es die geistlichen Königswähler von jeher. Die Entdeckung Bresslaus schrumpft darauf zusammen, dass die Königswahlen der späteren Zeit grosse Aehnlichkeiten mit den Wahlen für geistliche Aemter aufweisen. Er ist überzeugt, diese Uebereinstimmung sei von den Kurfürsten zu einem gewissen Zeitpunkt absichtlich herbeigeführt worden. Hätte es denn wirklich auf die Päpste so grossen Eindruck gemacht, wenn wieder einmal kirchliche Einrichtungen weltlichen zum Vorbilde dienten? Das waren sie nachgerade gewöhnt. Bresslau versichert zwar (S. 139 Anm. 2): „dass die Kurfürsten das Verfahren bei den Papstwahlen, nicht das bei den Bischofswahlen, haben nachahmen wollen, kann kaum zweifelhaft sein"[1]). Die Kurie konnte aber unmöglich wissen, dass es gerade auf ihre Gebräuche abgesehen war, wenn sie die Kurfürsten nicht darauf ausdrücklich aufmerksam machten.

Wann soll nun jener Beschluss von den Kurfürsten gefasst worden sein? Bresslau geht über die inhaltsschwere Frage, wie und wann sich das besondere Recht der Kurfürsten ausgebildet hat, mit den Worten hinweg: „nachdem um die Mitte des dreizehnten Jahrhunderts das ausschliessliche Recht der Königswahl auf die Kurfürsten übergegangen war". „Als sie sich nun über die Art zu verständigen hatten, in der sie ihr neues Recht ausüben wollten" —. Die Kurfürsten erfuhren

---

[1]) B. von Simson hat darauf aufmerksam gemacht, dass bereits Innocenz III. Grundsätze der Bischofswahlen auf die deutsche Königswahl anwenden wollte. Analekten zur Gesch. d. deutschen Königswahlen (Freiburg 1895) S. 30 ff.

also irgend einmal, dass sie auf irgend eine Weise — denn verliehen hat es ihnen Niemand — ein besonderes Recht erlangt hatten, und beschlossen, es zu gebrauchen. Bresslau sagt selbst, dass 1257 der neue Brauch zuerst nachweisbar sei. Die Berathung muss also vorher geschehen sein, und halten wir uns an Bresslaus Mitte des dreizehnten Jahrhunderts, nicht vor 1245, in welchem Jahre Friedrich II. vom Papste abgesetzt wurde. Vorher wäre auch für eine derartige gemeinsame Berathung kein Zeitpunkt zu finden. Höchstens könnte man an Konrads IV. Nachfolgeordnung zu Wien 1237 denken. Bei einer Designation und am königlichen Hofe war schlechte Gelegenheit, und ausserdem fehlten damals Köln, Sachsen und Brandenburg. Die gemeinsame „Verständigung" müsste wohl irgend ein Kurfürst veranlasst, seine Kollegen zu ihr vermocht haben. Nach 1245 waren die Kurfürsten ständig in Parteien gespalten oder kümmerten sich theilweise nicht um Reichssachen, traten also sicherlich nicht zusammen oder unterhielten einen Schriftwechsel über die Wahlform. Man denke an die Wahlen von Heinrich Raspe und Wilhelm von Holland!

Nun behaupteten allerdings die Anhänger Richards, vorher sei von allen Kurfürsten ein Tag festgesetzt worden, um die Neuwahl zu vollziehen. Die Wähler von Alfons dagegen erklären, nur einige Kurfürsten hätten die Bestimmung getroffen, und lediglich zur Vorberathung über die Wahl[1]). Haben, was zweifelhaft ist, die Freunde Richards Recht, so wäre damals die einzige erweisbare Möglichkeit gewesen, den von Bresslau behaupteten Beschluss zu fassen, natürlich nur auf schriftlichem Wege. Dann mussten die auf englischer Seite stehenden Fürsten davon etwas wissen. Aber statt dem Papste diese Mittheilung zu machen, lassen sie ihm eine ausführliche Belehrung über das für die Königswahl geltende Recht zugehen und bemerken dazu ausdrücklich, diese Gewohnheiten „pro iure servari et fuisse hactenus observatas a tempore, cuius memoria non existit". Kein Wort nachher, wo über die Wahl selbst die Rede ist, von einem neuen Verfahren.

---

[1]) M. G. Constitutiones et acta II, 526, 529. Ueber diese Bulle Urbans IV. vgl. KW. 153 ff.

Auch König Alfons versicherte, er sei gewählt worden: servatis omnibus consuetudinibus et sollempnitatibus imperii Romani, que solent et debent servari"[1]).

Dagegen müssten die klugen Kaufleute von Pisa die Absichten der Kurfürsten so geschickt ausgekundschaftet haben, dass sie ihnen sogar zuvorkamen. Denn bereits am 18. März 1256 liessen sie durch Bandinus Lancea allein den spanischen König Alfons erwählen mit einer Formel, die alle Merkmale enthält, welche nach Bresslaus Meinung die deutsche Wahlformel als eine Nachbildung der päpstlichen kennzeichnen[2]).

So widerlegen die geschichtlichen Zeugnisse Bresslau in unzweideutigster Weise. Doch ich muss die Prüfung noch weiter führen.

Wir dürfen von unseren Vorfahren nicht so gering denken, wie es Bresslau thut. Unzweifelhaft hatten sie schwere Fehler, sie litten an politischer Unreife, an Ehrgeiz und Habsucht, aber dass sie die Gunst der Kurie mit so kleinen Mitteln erstrebt hätten, ist wenig wahrscheinlich. Der Vortheil verleitete wohl zum Paktiren mit dem Papstthum, aber sollte man ihm zu Liebe auch neue Rechtsformen annehmen? Und ganz ohne Aussicht auf Erfolg! Denn dass auch die kirchliche Form keine Bürgschaft für allgemein anerkannte Wahlen gab, lehrte ein Blick auf die zahllosen Streitigkeiten, die trotz ihrer entbrannt sind. Die Päpste waren ohnehin klug genug, nichts auf den Schein zu geben, und die Lobeserhebungen des Gewählten in den Wahlprotokollen, die nach Bresslaus Meinung (S. 141) den Zweck hatten, die Anerkennung durch die Päpste zu erwirken, verblassten vor der allein entscheidenden Frage, ob den Päpsten die Person zusagte.

Ueberhaupt, der Eifer der Fürsten, einen einhellig gegewählten König zu bekommen, war nicht allzu gross. Selbst die Wahl Rudolfs kam nur zu Stande, weil Gregor X. mit Drohungen drängte. Obgleich man von ihr am ersten vermuthen könnte, dass sie die Veranlassung gab, den Päpsten genehme Formen einzuführen, kann sie nicht die Ursache

---

[1]) a. a. O. 525, 502.
[2]) Const. II, 491.

zu der von Bresslau behaupteten Verständigung gegeben haben, da diese schon vor 1257 geschehen sein müsste. Hätte der Pfalzgraf Ludwig II., ohne dessen Zustimmung eine wirksame Wahl nicht zu Stande kommen konnte, ängstlich nach dem Papste geschaut, dann würde er nicht die Wahl Konradins betrieben, nicht lange Jahre ruhig den Bann getragen haben. Eben das Interesse für Konradin bewog Ludwig zu der Wahl Richards von England, obgleich er gewiss war, dass sie nicht eine einhellige werden konnte (KW. 147 f.). Sie erfolgte, wie die von Alfons, in der angeblich neuen Form, aber es ist bekannt, dass die Päpste trotzdem beide Könige nie anerkannt haben. Die Behauptungen Bresslaus entsprechen durchaus nicht der Kenntniss, die wir von den Dingen und Personen der Zeit haben.

Erst aus dieser Zeit liegen Schriftstücke vor, die dazu dienten, den Hergang der Königswahl bekannt zu geben und sie zu bekräftigen, und die uns einen genauen Einblick in das Verfahren gestatten. Theils dem Zufall der glücklichen Erhaltung, theils der damals allgemein eintretenden Vermehrung des Schreibwerkes haben wir diesen Schatz zu verdanken. Aber aus seinem Vorhandensein folgt weder, dass bei früheren Wahlen nicht ähnliche Schriftsachen abgefasst wurden, noch dass die uns nun erkennbar werdenden Verhältnisse auch eben erst neugeschaffene waren.

Aber es ist überhaupt nicht richtig, dass die deutschen Wahlformen seit 1257 vollkommen den kirchlichen entsprechen.

Bresslau beruft sich auf die Aehnlichkeit oder Gleichheit des Wortlautes in den Urkunden.

Indessen sind die von ihm gezogenen Vergleiche sehr wenig überzeugend. Wenn die Verkündigung des künftigen Königs wie die des neuen Papstes mit der Anrufung der heiligen Dreieinigkeit begann[1], so lässt sich dieser tausend-

---

[1] In Deutschland findet sich diese in allen Urkunden; die von Bresslau S. 132 angeführte, bei der Wahl Gregors X., auf die er so grosses Gewicht legt (S. 141), gebrauchte Formel lautet jedoch zufällig anders. — Uebrigens sagen schon vor 1257 die Wähler Ottos IV.: Invocata sancti spiritus gratia elegimus. Const. II, 24. Auch im Pisaner Wahlspruch von 1256 heisst es: invocata gratia unius dei et individue trinitatis.

fältig angewandten Formel, die bei den verschiedensten Gelegenheiten gebraucht wurde, gewiss nicht die Bedeutung beilegen, die ihr Bresslau S. 124, 128 zuschreibt. In den harmlosesten Worten will er Beweise finden. In Schriftsachen beiderlei Herkunft ist die der Abstimmung folgende Wahlverkündigung ganz naturgemäss als electio „subsecuta" bezeichnet, „ein Ausdruck, der — als ein technischer für diesen Vorgang betrachtet werden kann" (S. 128). Aber 1314 wird die der Wahl folgende Krönung ebenfalls als „coronatio subsecuta" bezeichnet[1]). Folgen heisst eben subsequi.

So sehr ist Bresslau von seiner Vorstellung erfüllt, dass er in einem Falle, wo trotz gleichlautender Ausdrücke keine sachliche Uebereinstimmung vorhanden ist, das „Missverständniss" statt bei sich, bei den Kurfürsten sucht (S. 141 Anm. 2).

Er betont mit allem Nachdruck, dass die Königswahlen seit 1257 gelegentlich als „electio canonica" oder „canonice" bezeichnet worden, was vorher nie geschehen sei[2]), und schliesst sogar seinen Aufsatz mit den Worten: „Schon der häufige Gebrauch dieses Ausdruckes hätte darauf führen sollen, die Wurzel der bei den Königswahlen dieser Zeit beobachteten Bräuche in kirchlichen Einrichtungen zu suchen". Canon und canonicus sind bereits dem alten Latein geläufig, als Norm oder regelmässig, und etwas anderes soll auch an den betreffenden Stellen der Wahlberichte nicht gesagt werden. Ihre Verfasser haben, könnte man sagen, dafür gesorgt, dass kein Missverständniss eintreten konnte. Wenn es heisst, die Wähler hätten Alfons „concorditer et canonice" gewählt, so steht einige Zeilen vorher zu lesen: „servatis omnibus consuetudinibus et sollempnitatibus Romani imperii, que solent et debent servari in electione Romani principis". Also die den Königswahlen von Altersher eigenthümlichen Gewohnheiten, nicht päpstlichkirchliche sind beobachtet worden. Auch bei Rudolf geht den Worten: electione canonice, imo divinitus procul dubio celebrata" die Erklärung voraus: „cum solennitatibus debitis et

---

[1]) Olenschlager Erläuterte Staatsgesch. Urk. 76.
[2]) Eine Parallele bietet schon zu 1077 Berthold Scr. V, 292: Hac electione vere non haeretica, utpote — legitime peracta.

consuetis, servato in omnibus modo et ordine congruo"[1]). Nachher heisst es nochmals: processus tam rite — habitus. Auch Friedrichs des Schönen Wahl wird kanonisch genannt, aber zugleich bezeichnet als „rite, utpote a veris principibus praedictis" etc. Bei den Wahlen Heinrichs VII. und Ludwigs haben die Kanzleibeamten sich des Wörtleins „kanonisch" nicht bedient, und Papst Clemens V. sagte, als er Heinrichs VII. Wahl anerkannte, nur: „electione celebrata rite" oder „concorditer et legitime"[2]).

Es wäre auch seltsam gewesen, die Wahl des weltlichen Oberhauptes als nach kirchlichem Gesetz vollzogen zu erklären. Uebrigens würde, selbst wenn an den erwähnten Stellen „kanonisch" die kirchlichen Vorschriften bedeutete, für Bresslaus These der Entlehnung der päpstlichen Wahlformen nichts gewonnen sein.

Bresslau S. 135 ff. hebt ferner hervor, dass die Papstwahl, trotzdem nur Zweidrittelmehrheit für sie erforderlich war, zu einer electio communis gemacht worden sei, um auch daraus eine Aehnlichkeit abzuleiten. Die deutsche Gewohnheit, nur einheitliche Wahlen zu wollen, war indessen viel älter, so dass eher die Kurie die Nachahmerin hätte sein müssen. Aber gerade die technischen Bezeichnungen electio communis oder communiter electus kommen in den deutschen Wahldecreten dieser Zeit nicht vor[3]). Die einzige vergleichbare Parallele ist: quem principes communi decreto sibi regem fecerant, aber so wurde mehr als hundert Jahre vor 1257 über König Lothar geschrieben[4]).

In der ganzen Welt geschehen dieselben einfachen Vorgänge unter ähnlichen Formen und Worten. Daher liessen

---

[1]) Const. II, 502; Leges II, 393, vgl. bei Albrecht 468, 493, 495; Olenschlager 70, 73. — Vgl. auch unten S. 10 Anm. 1.

[2]) Olenschlager 70, 73.

[3]) Bei Rudolf heisst es wohl, dass die Fürsten de communi consensu auf ihn die Augen geworfen und ihn darauf gewählt hätten, Leges II, 393 aber das ist etwas ganz anderes; ebenso wenn es schon 1077 heisst: communi totius populi suffragio, oder bei Wilhelms Wahl: communi voto. Scr. V, 292; Const. II, 460. Ueber die Electio communis vgl. unten.

[4]) Scr. XVII, 492.

sich durch alle Völker und Zeiten Vergleiche anstellen, ohne dass wechselseitige Einflüsse vorhanden sind. Es ist doch ziemlich selbstverständlich, dass, wenn Einer zu wählen hat, er sagt: eligo N., wie es bei Königs- und Papstwahlen in gleicher Weise geschah. Aus dieser inneren Gleichheit der Verhältnisse ergab sich von vornherein, dass manche Formeln in den weltlichen und geistlichen Wahlurkunden gleich klingen mussten. Andererseits ist jedoch gar kein Zweifel, dass die wörtliche Uebereinstimmung eine so grosse ist, dass sie nicht durch diesen Grund allein erklärt werden kann.

Ein Vergleich zeigt wahrhaft überraschende Aehnlichkeiten. Aber sie haben für die Sache wenig Bedeutung; sie sind nur die natürliche Folge der Allmacht der Kirche und der kirchlichen Bildung. Nicht nur drangen in alle Lebensverhältnisse kirchliche Vorstellungen ein und begegnen wir überall, selbst beim Ritterthum und Handwerk, der Kirche entnommenen Gebräuchen und Formen, das frühere Mittelalter hindurch lag das öffentliche Schreibwesen lediglich in geistlichen Händen. Selbst die Notare waren Kleriker niederen Ranges und lernten ihre Thätigkeit durch geistlichen Unterricht. Bei der Ausstellung von Urkunden jeder Art kamen kirchliche Redewendungen in Gebrauch, und vor allem, die Formelmusterbücher wurden von Geistlichen zusammengestellt und ausgearbeitet. Kein Wunder daher, dass für kirchliche Zwecke entworfene Formeln möglichst auch auf weltliche Dinge Anwendung fanden, dass jede Beurkundung sich mit kirchlichen Floskeln schmückte, dass ferner viele weltliche Handlungen mit geistlichen Zuthaten verbrämt wurden.

Es genügt, ein einziges Beispiel anzuführen. Obgleich bei der Königswahl durch die Kurfürsten keine Gefahr vorlag, dass sich ein Unberechtigter oder ein Excommunicirter eindrängte, begann sie doch, wie die geistlichen Wahlen, mit der feierlichen Aufforderung an solche, sich zu entfernen. Diese „Protestatio" lautet aufs Wort gleich in den deutschen Wahlurkunden, wie in dem Wahldecret für einen Bischof von Nîmes, das ein geistliches Rechtsbuch als Muster aufgenommen hat[1]).

---

[1]) Guil. de Mandagoto, vgl. unten. Wie willkürlich die Kanzleileute mit den ihnen aus Formelbüchern geläufigen Phrasen umsprangen, zeigen

Wichtiger als einzelne Wortverbindungen ist der innere Verlauf der Wahlen.

Ich schildere in aller Kürze die Weise der kirchlichen Wahlen[1]). Bequemer als aus den vereinzelten Bestimmungen in den Decretalen ist sie zu erkennen aus den Zusammenstellungen, welche einzelne Kanonisten über sie gemacht haben. Von ihnen ziehe ich drei heran, die am Anfang, in der Mitte und am Ende der hier in Betracht kommenden Periode stehen. Da ist zunächst Bernardus Papiensis. Gestorben 1213 als Bischof von Pavia und Verfasser einer zwischen 1191 und 1198 vollendeten „Summa decretalium" schrieb er bereits vor 1179 eine „Summa de electione[2]). Ihre Hauptsätze sind: Cum electio facienda est, prius inquiri oportet, an hi, quorum est, velint per se vel per electores electionem facere. Si quidem per se ipsos, singulorum est arbitrium — inquirendum, et hoc per aliquem de maioribus. — De electoribus autem notandum, quod quandoque pars eis sollicitudinis imponitur, quandoque plenum electionis arbitrium indulgetur. In partem sollicitudinis vocantur, cum de inquirendis fratrum voluntatibus eis onus imponitur, ut videlicet illum eligant, quem omnium vel maioris partis arbitrio viderint praeelectum —, hi autem necesse habent, omnium voluntates inquirere. — Plenum autem electores habent electionis arbitrium, cum sic eliguntur, ut per omnia eorum arbitrio stetur, et hi necesse non habent, fratrum voluntatem inquirere, sed sua voluntate, quem idoneum viderint, eligendo praeferre. — Huic (electioni) ordine praenotato pronuntiatio subsequitur[3]).

---

gerade die sonst einander entprechenden Urkunden über Rudolfs und Albrechts Wahl. Die Worte: „electione — celebrata eundem cum inenarrabilis immensitate tripudii, omnium applaudente caterva nobilium necnon populi comitiva letante et in superne laudis canticum gratulabundius assurgente, — duximus" gehen bei Rudolf weiter: „Aquisgranum" (zur Krönung), bei Albrecht: „requirendum, ut ipse electioni — dignaretur impertiri consensum". — Auch das oben S. 8 besprochene „kanonisch" ist gewiss aus Formelbüchern eingeschleppt.

[1]) Hinschius Kirchenrecht I, 217 ff., II, 474 ff. Ausführlich handelt darüber auch E. Mayer II, 382 ff.
[2]) Schulte Geschichte der Quellen — des canonischen Rechts I, 175 ff.
[3]) Bernardi — Summa decretalium ed. Laspeyres 317 f.

Wir sehen also den Gebrauch und die technische Bezeichnung von Electores, doch sind sie nicht unumgänglich nothwendig.

Der zweite ist Henricus de Segusia, als Kardinalbischof von Ostia gewöhnlich kurzweg Hostiensis genannt, der zwischen 1250 und 1261 seine „Summa super titulis decretalium" verfasste, die als „Summa aurea" hochgefeiert war[1]). In ihr befindet sich ein umfangreicher Abschnitt „De electione". Wir werden in Einzelheiten auf ihn Bezug nehmen müssen, aber das, was er im Ganzen giebt, ist übersichtlicher aus der dritten Schrift zu entnehmen. Als ausgezeichnete Arbeit ist anerkannt der „Libellus super electione facienda", geschrieben vor 1285 von Guilelmus de Mandagoto, gestorben 1321 als Kardinal[2]).

Es giebt drei Formen der Wahl: des Scrutinium, des Kompromisses und der göttlichen Inspiration, doch brauchen wir hier nur den Hergang des Scrutinium zu betrachten.

Vor Beginn der Wahl wird Protest gegen die Anwesenheit nicht berechtigter Wähler und Excommunicirter erhoben. Dann sind drei Scrutatoren zu ernennen. Sie ziehen sich mit Schreibern und Zeugen an einen gesonderten Platz zurück. Zuerst geben sie einander ihre Stimmen ab und rufen dann die einzelnen Wähler heran, zuerst den „qui habet in capitulo primam vocem". Die Abstimmung geschieht heimlich. Alle Stimmen werden schriftlich aufgezeichnet und nach beendeter Abstimmung in dem Kapitel von den Scrutatoren vorgelesen. Darauf geschieht die „Collatio" der Stimmen nach numerus, zelus et meritum der Wähler. Ihr folgt die „per unum electio in communi". Sie vollzieht entweder einer, dem dieses Recht ex officio zukommt, oder derjenige, welcher die prima vox hat, oder ein damit besonders Beauftragter, oder einer der Scrutatoren. Der Elector begründet die Wahl und braucht etwa die Worte: idcirco ego — vice mea et totius capituli ac omnium ius in ipsa electione habentium et potestate michi a toto capitulo tradita et concessa eligo N. in episcopum (Guil. cap. 59). Damit ist die eigentliche Wahl zu Ende. Nachdem der Er-

---

[1]) Schulte II, 125 ff. Ich benutzte die Ausgabe Basel 1573.
[2]) Schulte II, 183 ff. Ich benutzte die Ausgabe Paris 1506.

wählte, wenn er anwesend ist, auf Erfragen seine Zustimmung gegeben hat, schliesst ein Tedeum die Feier. Endlich wird noch ein schriftliches Wahldecret aufgesetzt. Namentlich die Wahldecrete für Heinrich VII., Friedrich den Schönen und Ludwig den Baiern geben allen erwünschten Anhalt zum Vergleich. Vor dem Eingehen ins Einzelne sind gleich drei wichtige Punkte des Unterschiedes hervorzuheben. Zur päpstlichen Wahl war Zweidrittelmehrheit erforderlich, in Deutschland kannte man nur Einheit[1]); erst der Kurverein von Rense stellte fest, dass auch der von der (einfachen) Mehrheit selbst im Zwiespalt Erwählte rechtmässiger König sei. Ferner fand in Deutschland stets die Electio durch Einen statt, war also Regel. Guilelmus erklärt zwar, dass bei allen drei Wahlformen die Wähler durch einen aus ihrer Mitte prozediren müssen, aber Bernardus bezeichnet Electores noch nicht für unbedingt nothwendig und auch Hostiensis kennt noch nicht die Electio per unum als Zwang. Erst Bonifacius VIII. sagte, sie sei kanonisch beim Scrutinium und führte sie auch für das Kompromiss ein[2]). Endlich hätten die Kurfürsten, um ihren angeblichen Zweck zu erreichen, die Auswahl gehabt zwischen den drei in der Kirche gestatteten Weisen, die auch alle bei den Papstwahlen dieser Zeit zur Anwendung kamen; sie bedienten sich jedoch nur der Abstimmung[3]), und auch dieser in anderer Weise, als „kanonisch" war, wie noch zu zeigen ist. Eine Inspirationswahl hätte, da immer das Ergebniss in voraus sicher war, sehr leicht stattfinden können[4]).

---

[1]) Bei den Doppelwahlen von 1257 und 1314 suchte jede Partei für sich die Einheit nachzuweisen, indem sie Rechtsgründe vorschob, welche die entgegenstehende Wahl ungiltig machen sollten. — Hostiensis betont c. 18 ausdrücklich, dass die päpstliche Wahl von der kirchlichen sich durch die Zweidrittelmehrheit unterscheidet.

[2]) Bresslau 137, nach dem allerdings schon Gregor IX. die el. comm. verlangte.

[3]) Bresslau 141 Anm. 1.

[4]) Anklänge an sie finden sich vor 1257; 1208: unanimi inspiratione in regem est declaratus. Chron. reg. Col. rec. Waitz 183, und 1237: inspirante nobis consilium gratia summi regis. Const. II, 441.

Der Hergang in Deutschland war folgender:

Nach Verlesung des Protestes gegen Nichtberechtigte eröffnen „tractatus" über die allgemeine Lage der Dinge und die daher am besten geeignete Person die eigentliche Wahlhandlung. Sie sind nicht zu verwechseln mit den Verhandlungen vor dem Wahltage, und da sie jedesmal erwähnt werden[1], müssen sie für nothwendig gegolten haben. Bei den kirchlichen Wahlen waren sie nicht erforderlich, aber auch nicht ausgeschlossen (Guil. c. 52). Die Formulirung des Ergebnisses: „oculos iniecimus, intuitum convertentes consensimus" entspricht kirchlichem Muster.

Nach erzieltem Consensus über die in Wahl zu stellende Persönlichkeit erfolgt die Abstimmung. Ein Kurfürst „inquirirt" die Voten, die Stimmenden „dirigiren" sie auf den Kandidaten, auch kirchliche Ausdrücke[2]. Die Kirche schrieb drei Scrutatoren vor und Hostiensis (c. 11) verlangte sie auch in kleinen Kapiteln; bei den Königswahlen nahm ein Einzelner die Inquisition vor. Auch sonst zeigt die Abstimmung ein anderes Verfahren.

Für Heinrich fragte Köln, für Ludwig Mainz die Stimmen ab. Dass der Scrutator den Einzelnen die Stimmen heimlich abnahm und sie dann verlas, wird dabei nicht berichtet. Nur bei Friedrich geschah die Abstimmung „scrutatis secrete et sigillatim singulorum votis" und wurden nachher die Voten verlesen (Ol. 75). Das geschah offenbar deswegen, weil kein geistlicher Kurfürst zugegen war, dem es zukam, die Stimmen entgegenzunehmen. Deshalb hatte man den Bischof von Gurk herangezogen, der auch den vorhergegangenen Protest, der sonst im Namen der weltlichen Kurfürsten erlassen war, verlas. Wahrscheinlich wird also der Bischof, weil er kein Kurfürst war, ein dem Kirchengebrauch entsprechendes heimliches „Scrutinium" angestellt haben[3].

Das kirchliche Recht schrieb vor, dass die Scrutatoren zuerst ihr Votum abgaben, damit sie weder von den Anderen

---

[1] Leges II, 383, 393, 468, 470; Ol. 19, 64, 68.
[2] Ol. 20. 65, 68.
[3] Nur hier Ol. 75 heisst es: votis scrutatis, nicht inquisitis.

bestimmt würden noch den Ausschlag geben könnten. Das geschah jedoch weder bei Heinrich noch bei Ludwig, und ausserdem giebt die Goldene Bulle Karls IV. genaue Auskunft. Da Karl mehrere Bestimmungen der Papstwahlen aufnahm, so muss ihn alter Gebrauch gehindert haben, wenn er die Abstimmung ihnen nicht anpasste. Vielmehr frügt Mainz erst die anderen Kurfürsten und wird dann von ihnen befragt, so dass es unter Umständen die Mehrheit ausmachen konnte. Auch in der Goldenen Bulle ist die Abstimmung keine heimliche, und ohne Scrutatoren.

Die Wahlformeln in Kirche und Reich lauten verschieden. Die kirchlich vorgeschriebene war nach Guilelmus de Mandagoto cap. 26: in talem consentio et ipsum eligo in episcopum oder cap. 59: consentio in N. ipsumque nomino et eligo in ep. Die deutsche, übereinstimmend in den drei Decreten überliefert, besagte: consentio in — et ipsum nomino in regem Rom. eligendum[1]). Der kirchliche Wähler sprach also die Wahl selber aus, der Kurfürst bestimmte nur seinen Mann zur Wahl.

Päpstliche Wahlformeln, die Bresslau S. 132 ff. anführt, lauten etwas anders. Bei Clemens V. heisst es von den Wählern: qui eum in s. p. elegerunt et nominaverunt, consenserunt et acceperunt, also fast gleich der oben angeführten zweiten kirchlichen Form. Bei Gregor X. sagen die sechs Kompromissare im Texte: consensimus — ipsum in R. p. nominantes ac eciam assumentes; sie haben also gewählt. In der Unterschrift sagt nur der Elector: nominavi, assumpsi et elegi, die andern fünf: nominavi, assumpsi et eligi mandavi, also scheinbar gleich der kurfürstlichen Wahlformel. Aber einmal haben wir es hier mit Kompromissaren zu thun, und in dem assumpsi liegt bereits die thatsächliche Wahl ausgesprochen[2]). Die Papstwahl stimmt also mit der allgemein kirchlichen darin überein, dass der Einzelne wirklich Wählender ist.

Die Collatio votorum kommt bei den Königswahlen nicht vor, sondern es folgt die eigentliche Wahl, die Electio, im

---
[1]) Ol. 20, 65, 68.
[2]) Auch die, welche nachträglich der Wahl accedirten, sagen: electionem fieri mandavi, bei ihnen ganz natürlich, da sie den zu Verkündenden nicht gewählt hatten.

engeren Sinne, die zu vollziehen ein Einzelner beauftragt wird[1]). Diese Bezeichnung Electio für den Schlussact ist in der Kirche und im Reich eine feststehende. Dass die Formel dafür (vgl. Guilelmus oben S. 12) bei beiden wörtlich oder fast wörtlich übereinstimmt, liegt in der Natur der Sache.

Aber, wie bereits bemerkt, der Ausdruck: electio communis oder in communi, der in der Kirche ganz geläufig ist, kommt in den deutschen Wahldecreten nicht vor. Das liegt in dem verschiedenen Wesen der Handlung, und wenn trotz ihrer Abhängigkeit von dem kirchlichen Stil die deutschen Wahldecrete diese Benennung nicht haben, so folgt, dass sie für die deutschen Verhältnisse nicht passend schien. In der Kirche hatte die Electio nur den praktischen Werth, das Ergebniss völlig und unantastbar festzustellen, in Deutschland brachte sie erst das Ergebniss, den rechtmässigen Vollzug der Wahl. Bei der Kirche gab es eine besondere Electio durch Einzelabstimmung und eine allgemeine durch die Verkündigung, in Deutschland bestand strenggenommen nur Eine Electio, denn die vorhergehende Abstimmung bereitet nur die Electio vor. In der Kirche war die Electio nur eine Form, in Deutschland eine unerlässliche Rechtshandlung.

Die Electio wird darauf von den übrigen Kurfürsten nochmals approbirt, wie die Urkunden für Heinrich und Ludwig bezeugen[2]). Dann folgt, nachdem der Erkorene die Wahl angenommen hat, gleichfalls ein Tedeum.

So gross also in dem Formalen die Aehnlichkeit, selbst Uebereinstimmung ist, dennoch weicht die Königswahl in wichtigen inneren Vorgängen von der kirchlich-päpstlichen ab.

Auch auf diesem Wege ergiebt sich, dass die Königswahl keine absichtliche Nachbildung der Papstwahl sein kann. Dieselbe Folgerung lässt sich zugleich erweitern: auch die allgemein kirchliche Weise hat nicht zum Vorbild gedient; die

---

[1]) Die schriftliche Uebertragung des Wahlmandats (Br. 125) geschah 1256 auch in Pisa: ex potestatibus et mandatis michi concessis per publica instrumenta. Const. II, 491.

[2]) Ol. 20, 69: electione huiusmodi celebrata, eam omnes et singuli electores alii praedicti approbavimus. Wörtlich ebenso bei einer Bischofswahl, Guil. c. 59.

Uebereinstimmungen, soweit sie vorhanden sind, erklären sich anderweitig.

Es ist also nicht nachweisbar, dass die seit 1257 erkennbaren Wahlformen künstlich eingeführt oder neugebildet sind. Es entsteht daher die Frage, ob sich schon in früheren Zeiten Spuren davon finden, dass die Grundformen bereits bestanden, ehe der Uebergang des Wahlrechtes an die Kurfürsten natürlich manche Aenderungen mit sich brachte.

Ehe darauf eingegangen werden kann, ist erst ein Wort über die Stellung der Kurfürsten untereinander vorauszuschicken.

Obgleich der Sachsenspiegel bereits eine bestimmte Reihenfolge der Kurfürsten giebt, schwankt sie in den Urkunden. 1298 steht in dem Schreiben an den Papst: T. M. K. Pf. S. Br.[1]), im Mandatum electorum: M. T. K. B. Pf. S. Br. 1308 war die Reihe der Abstimmung: T. K. M. etc., 1314 bei Friedrich: B. Pf. S., bei Ludwig haben M. und T. je gesondert für sich und B. S. Br. geurkundet, gestimmt M. T. B. Br. S.[2]). Auch die amtlichen Ausübungen sind verschieden vertheilt. Die Stimmen fragte ab 1308: Köln, 1314 bei Ludwig: Mainz[3]), während den Protest gegen die Nichtberechtigten 1308 Trier, 1314 Mainz verlas. Als Elector walteten 1273 Pfalz, 1292 bei Adolfs Wahl Mainz, 1298 bei der ersten Wahl Albrechts Sachsen, 1308 Pfalz, 1314 Pfalz und Mainz[4]). Mainz nahm für sich das Recht in Anspruch, zur Wahl zu berufen. Die Goldene Bulle spricht als altes Recht Trier die „prima vox" zu, ertheilt allerdings Mainz das, wie wir oben S. 15 sahen, wichtigere Recht des Stimmenabfragens; im Uebrigen sucht sie mit höchstem Geschick die Rechte der geistlichen Kurfürsten gleichmässig abzumessen. Obgleich also Mainz einen Vorrang unter den geistlichen Wählern hat, ebenso Pfalz unter den

---

[1]) Böhmen stellte einen besonderen Brief aus.
[2]) Vgl. auch KW. 201.
[3]) Ueber den Bischof von Gurk, der bei Friedrichs Wahl Köln vertrat, oben S. 14.
[4]) Vgl. Bresslau 124. Seine Bedenken gegen die Urkunde im Archiv für öst. Gesch. II, 229 theile ich nicht, doch hat es keinen Zweck, hier auf das Einzelne einzugehen.

weltlichen, ist daneben eine Gleichberechtigung der Kurfürsten nicht zu verkennen. Obgleich ein Kurfürst allein eligirt, die anderen nur zur Electio nominiren, so haben doch alle auch das erstere Recht. Wenn also der Kölner 1314 der Pfalz sein Recht: „nominandi et eligendi" überträgt, so versteht er unter letzterem nicht allgemein wählen, sondern die Wahl verkündigen, was auch damals der Pfalzgraf that[1]).

Der Ausdruck: Ius eligendi, wie eligere überhaupt, kann also einen doppelten Sinn haben, einen weiteren und einen engeren.

Aber war denn die seit 1257 nachweisbare Weise der Wahl überhaupt wirklich so neu, wie Bresslau behauptet? Lassen sich nicht ein besonderes Ius eligendi oder es ausübende Personen, also Electoren, schon vor 1257 erkennen? Wie wir oben S. 5 f. hörten, versicherten damals die Kurfürsten, dass sie althergebrachte Gewohnheiten bei der Wahl befolgt hätten. Die letzte Wahl, an der sich alle Fürsten betheiligten, war die Lothars 1125 gewesen[2]), und bei ihr gab es sicher noch keine Kurfürsten. Dennoch war inzwischen genug designirt, anerkannt und gewählt worden (1138, 1147, 1152, 1169, 1196, 1198, 1208, 1212, 1220, 1237, 1246, 1247, dazu mehrfache nachträgliche Anerkennungen), um die Gebräuche in ununterbrochenem Gedächtniss und steter Uebung zu erhalten.

Unsere Nachrichten über den inneren Hergang der Wahlen sind sehr dürftig, weil die Geschichtsschreiber meist nur kurz von ihnen erzählen und sich nicht mit bekannten Dingen aufhalten. Anderweitig steht es damit nicht besser und nur ein glücklicher Zufall hat uns ein Wahlprotokoll aus Frankreich erhalten, während die dortigen Quellen sonst sehr spärlich fliessen. Man sieht aus ihm, dass ein Schweigen der gleichzeitigen Geschichtsschreiber noch nicht den Schluss gestattet, dass die oder jene Gebräuche nicht vorhanden gewesen wären, und selbst das wenige Bekannte genügt, um das spätere dreizehnte Jahrhundert mit der Vorzeit zu verknüpfen.

---

[1]) Ol. 63, 75, demgemäss im Wahldecret 64.
[2]) Ueber die Wahl Friedrichs I. unten Abschnitt V.

Bestimmt lautet die Aussage der Annales Marbacenses (Scr. XVII, 174) zu 1220: Heinricus filius imperatoris, admodum puer quasi decennis, per Ottonem Wirzeburgensem episcopum, cuius tutele deputatus fuerat a patre, de consensu principum in regem electus.

Bei dem Streite über die Wahl Philipps hören wir von einem Elector, dessen Thätigkeit als dieselbe erscheint, wie sie in der späteren Zeit feststeht [1]).

Zur selben Zeit berichtet eine Quelle: Adolphus Col. arch. ex consensu Treverensis, habens et ipse vocem electionis nomine quorundum principum peregre profectorum, ut asserebat, Ottonem ... evocavit atque unxit in regem Rom.[2]). Seeliger bemerkt dazu M. XVI, 62: „Bloss im Namen der abwesenden Wähler lässt hier der Schriftsteller den Erzbischof handeln, nicht auch im Auftrage der Versammlung. Von der Wahlhandlung der neben dem Kölner Anwesenden berichtet er nichts. Er greift eben bloss den thätigsten und bedeutendsten Wähler Ottos heraus. Hier wie auch sonst ist aus der Erwähnung eines Wählers nicht auf die Wirksamkeit eines einzigen Kürrufers zu schliessen".

Seeliger führt eben alles auf das farblose eligere zurück; das ist sehr bequem und schwer zu widerlegen, weil sich ja ohne weiteres jede Einzelhandlung der Wahl in dem Gesamtbegriff auflösen lässt. Hier aber haben wir die Handlung eines Hauptwählers mit einem Ausdruck bezeichnet, dem an Stärke sich nichts ähnliches in allen übrigen Angaben über Wahlen zur Seite stellen lässt[3]), und der ganz mit eligere im engen Sinne übereinstimmt. Beide Erzbischöfe hatten sich vereinigt, die Königswahl in die Hand zu nehmen, und keine Quelle berichtet, dass der Trierer nicht in Köln anwesend war[4]). So gut also, wie bei der Wahl Richards der Kölner mit dem

---

[1]) Vgl. Abschnitt II und Beilage II.
[2]) Gesta Trevir. Cont. IV. Scr. XXIV, 390.
[3]) Nur etwa Annal. Reinhardsbrunn. ed. Wegele II, 83: Lantgravius — Ottonem cum magnificis preconiis regem publice declaravit. Das ist aber auch als König verkünden.
[4]) Chron. regia 162; Ann. Marb. Scr. XVII, 168.

„Consens des Pfalzgrafen" die Electio vollzog[1]), oder 1220 der Würzburger mit dem Consens der Fürsten, so liegt nicht das mindeste Bedenken vor, hier Evocare für die Electio zu beanspruchen. Habe ich KW. 108 bemerkt, dass die Stelle spät niedergeschrieben ist, bleibt sie deswegen für die Electio an sich verwendbar.

Ferner die bekannte Stelle Lamberts von Hersfeld zum Jahr 1073 über den Erzbischof von Mainz: cui potissimum propter primatum Mogontinae sedis eligendi et consecrandi regis auctoritas deferebatur[2]). Eligere und consecrare sind hier gleichwerthig nebeneinandergestellt, und wie die Krönung ein Sonderrecht ist, das nur ein Einzelner ausüben kann, so muss es auch die auctoritas eligendi sein. Lambert schreibt bekanntlich einen trefflichen Stil. Das potissimum umfasst beide Berechtigungen und geht auf „cui", die Person des Erzbischofs zurück. Der Satz besagt also nicht: Mainz hat die Autoritas potissimum eligendi, sondern potissimum die Autoritas eligendi. Das kann nicht das Wahlrecht sein, das alle Fürsten hatten — auch nicht als prima vox, denn die ist keine Autoritas — sondern es ist ein dem Mainzer vernehmlich gebührendes Einzelrecht, das bevorzugte und unter Umständen hochwichtige Amt des Electors.

Dieses Amt ist auch zu verstehen in der Angabe des Arnulf von Mailand: Ambrosianae sedis est electio et consecratio regis[3]). Die Sachlage ist hier noch klarer, da das deutschen Fürsten zustehende Recht, den König zu wählen, dem Mailänder Erzbischofe nicht zukam.

Endlich erhebt in gleicher Weise, wie es Lambert dem Mainzer zuschrieb, im Jahre 1059 in Frankreich der Erzbischof von Rheims den Anspruch: quomodo ad eum pertineat maxime electio regis et consecratio regis. Der weitere Zusammenhang

---

[1]) Const. II, 526: Colon. — comite presente et consentiente — elegit.
[2]) Scr. V, 204. Seeliger in Waitz VG. VI, 194 Anm. 3 stellt dazu die Stelle Lamberts von 1054 (156): ad quem propter primatum Mogontinae sedis consecratio regis et caetera negociorum regni dispositio potissimum pertinebat.
[3]) Scr. VIII, 12, vgl. meine Ausführung M. XIX, 412.

beweist, dass auch hier nur die Electio im engeren Sinne gemeint sein kann [1]). So wird in Deutschland, Italien und Frankreich den ersten Kirchenfürsten dasselbe Ehrenrecht mit den gleichen Worten von den verschiedensten Quellen zugeschrieben. In Italien und Frankreich kann es nicht die prima vox sein, weil es dort keine Wahl gab. So oft ihrer auch kirchliche Schriften gedenken, niemals wird sie in solcher Weise umschrieben, noch ihr eine so grosse Bedeutung beigelegt. Es ist ausserdem wohl zu beachten, dass bei etwaigen Abstimmungen diesen drei Erzbischöfen die erste Stimme so selbstverständlich zukam, dass eine Erwähnung davon sowohl überflüssig war, wie sie Niemandem Eindruck gemacht hätte.

Die Einrichtungen in Frankreich sind aus derselben germanischen Wurzel erwachsen, wie in Deutschland. Es liegt daher kein Bedenken vor, diese Uebereinstimmung im Wahlverfahren auf die karolingische Zeit zurückzuführen, und zu vermuthen, dass schon damals der neue oder künftige König durch eine Electio in sein Recht eingesetzt wurde [2]). So stark bei den Merowingern die Erblichkeit war, kann auch da eine formelle Ausrufung erfolgt sein, und irgend welche feststehenden Formen für die Huldigung hat man damals sicherlich besessen. Mir scheint, dass diese Ausrufung des Königs auch für die altgermanischen Zeiten passend war, bei der Schilderhebung.

Es ist unthunlich, aus einer langen Reihe einen einzelnen Abschnitt herauszugreifen, wie es Bresslau gethan hat. Immer liegt die Vermuthung einer allmäligen Entwicklung näher als die einer plötzlichen Neubildung. Besonders gilt das bei

---

[1]) Beilage I. Ueber Wipo unten im vierten Abschnitt. — Auch die Wahl von Alfons in Pisa 1256 (oben S. 6) kann zur Bestätigung herangezogen werden. Denn die Pisaner bildeten gewiss, soweit möglich, den herrschenden Gebrauch nach.

[2]) Seeliger HV. 1898, 516 zweifelt daran und will die Aehnlichkeit des Wahlverfahrens in Frankreich auf deutsche Einwirkung zurückführen. Wäre das zutreffend, so würde nach meiner Ansicht dadurch nur der damalige Bestand des Electors in Deutschland bewiesen. Ueber die Verhältnisse im Frankenreich vgl. KW. 3 ff.

Rechtseinrichtungen, denen zäheste Beharrungskraft innewohnt, und noch mehr von den Formen, in denen sie vollzogen werden. Wie fest die Germanen am Herkommen hielten, ist bekannt genug. In unserem Falle ist ohnehin die Brücke von selbst gegeben. Dass die Kurfürsten, die seit 1257 allein handelten, nicht plötzlich auftauchten, sondern bereits vorbereitet waren, ist unbestreitbar. Den ersten sicheren Anhalt bietet der Sachsenspiegel. Es ist also zu prüfen, ob er nicht als Bindeglied zwischen den älteren und neueren Formen der Königswahl betrachtet werden kann.

Zweiter Abschnitt.

Der Sachsenspiegel — Erwählung — Kur — Vorkürrecht.

Die Stelle im Landrecht Art. 57 lautet nach Homeyer: In des keiseres kore sal die erste sin die bischop von Megenze, die andere die von Trere, die dridde die von Kolne. Under den leien is die erste an' me kore die palenzgreve von' me Rine, des rikes druzte, die andere die herthogo von Sassen, die marschalk, die dridde die marcgreve von Brandeburch, die kemere. Die schenke des rikes, die koning von Behemen, die no hevet nenen kore, umme dat he nicht düdesch n' is. Sint kisen des rikes vorsten alle, papen unde leien. Die to' me ersten an' me kore genant sin, die ne solen nicht kiesen na iren mutwillen; wenne sven die vorsten alle to konige irwelt, den sollen si aller erst bi namen kiesen.

„Irwelen" ist dem Niederdeutschen nicht geläufig und steht hier wie ein absichtlich gewähltes Fremdwort (KW. 164), um recht scharf den Unterschied von Kiesen anzudeuten. Im Sachsenspiegel kommt das Wort sonst nicht vor, auch nicht, soweit ich gesehen habe, in der Sächsischen Weltchronik. Nur in ihrer thüringischen Fortsetzung heisst es einmal: also ging die irwelunge des koniges nicht vor sich, nur eine Uebersetzung des lateinischen „electio"[1]). Dagegen ist mir für „erwählen" eine Stelle in der Kaiserchronik aufgefallen, welche sich auf

---

[1]) M. G. Deutsche Chroniken II, 305, 24, vgl. Chron. Sampetrinum, ed. Stübel 129: electio est annichilata.

die Erhebung Konrads von Staufen als Gegenkönig gegen Lothar 1127 bezieht: „(Vursten) rewelten den herzogen Chuonraten; — si hiezen in diu riche sagen, si wolten Chuonraten haben ze chunige unt ze herren. da ze Niwenburch huoben si den werren, da lobeten si in ze chunige"[1]). Als Folge des „Erwählens" ergiebt sich das „zum Könige loben".
Der allgemeine Inhalt ist klar. Zuerst geschieht die „Erwählung", welche alle Fürsten vollziehen; ihr folgt ein zweiter Akt, in welchem alle Fürsten den Erwählten kiesen. Wir haben also Erwählung und Kur als Theile der Gesamtwahl. Ich gebrauche fortan um der grösseren Klarheit willen nur diese beiden Bezeichnungen.

Seeliger erblickt in dem Sachsenspiegel eine Bestätigung der älteren Nachrichten über das Wahlverfahren[2]). Dieses bestand nach ihm (DZm. 7) darin, dass „die Fürsten wählten, indem sie sich zuerst über einen bestimmten Kandidaten einigten (Vorverhandlung, Vorwahl), dann beim feierlichen Schlussakt einzeln in bestimmter Reihenfolge — ihre Stimme zu Gunsten des Kandidaten abgaben". Bestimmter sagte er zuletzt HV. 512: „Die Abstimmung — bestand darin, dass die anwesenden Fürsten des Reichs der Reihe nach vortraten und eine bestimmte Wahlformel sprachen — nicht zu Gunsten eines Beliebigen, sondern nur zu Gunsten dessen, der in den vorausgegangenen Verhandlungen zum künftigen König bestimmt worden war. Es wurde also — nur das schon feststehende Ergebniss früherer Berathungen in der Form von Einzelerklärungen der Fürsten feierlich verkündet und rechtskräftig gemacht; der Einzelwille, zugleich naturgemäss auch die Einzelverpflichtung der Vornehmsten ward öffentlich bekundet". In späterer Zeit im 12. oder beginnenden 13. Jahrhundert erlitt die ältere Abstimmungsordnung dadurch eine Aenderung, dass eine kleine Gruppe von sechs oder sieben Fürsten geistlichen und weltlichen Standes das Recht des Abgebens ihrer Stimme vor allen anderen erlangte (Vorstimmrecht)" (DZm. 7).

---
[1]) D. Chr. I, 388 v. 17039—47.
[2]) Da mir Seeliger in DZm. 9 f. den Vorwurf gemacht hat, dass ich meine Gegner missverstehe, habe ich seine Aeusserungen stets wörtlich aufgenommen.

Seeliger verlegt also die „Abstimmung" in den zweiten Theil der Wahl, in die Kur des Sachsenspiegels, doch erklärt er sie für gebunden, weil sie nur die in der Vorwahl bereits festgestellte Person des künftigen Königs durch Einzelerklärungen bekräftigte.

Die von Seeliger in seinem letzten Aufsatze gegebene Deutung kommt sachlich ungefähr auf dasselbe hinaus, was ich behauptet habe. Unterschiede bestehen nur insofern, als ich nachzuweisen suchte, dass der zweite Akt eröffnet wurde durch einen Elector, der den Kurspruch that, dass ich den Inhalt der „Einzelverpflichtung", wie sie Seeliger jetzt nennt, näher zu bestimmen strebte und demgemäss in dem zweiten Akte keine Abstimmung erblickte, sondern ihn als Laudatio bezeichnete.

Auch darin besteht Uebereinstimmung zwischen mir und Seeliger, dass, wie letzterer DZm. 10 sagt: „die in den Vorverhandlungen erlegene Minorität an der Schlusshandlung nicht theilzunehmen pflegte"[1]). Wer mit der von der Mehrheit bestimmten Person nicht einverstanden war, entfernte sich und nahm an der Kur nicht Theil (KW. 91). Aber auch wer wusste, dass eine Versammlung einen ihm nicht genehmen Bewerber küren werde, erschien bei ihr nicht. Auch daraus geht der persönliche Charakter der Schlusshandlung hervor.

Ich habe die Laudatio folgendermassen erläutert: „Sie folgt der Wahl und besteht darin, dass die Wähler einzeln an den König herantreten" u. s. w. „In der Laudatio fand die einzelne Persönlichkeit der Wähler ihr Recht. — Sie erfolgte der Reihe nach"[2]). Gerade die „Einzelverpflichtung", das Einzelgelöbniss, das persönliche Element in ihr machten mir das eigentliche Wesen der Laudatio aus.

---

[1]) Vgl. die von Seeliger herausgegebene zweite Auflage von Waitz Verfassungsgesch. VI, 203.
[2]) KW. 75, 88 f. Daher ist ganz unrichtig, wenn Seeliger in der zweiten Auflage von Waitz Verfassungsgeschichte VI, 202 Anm. 2 als meine Ansicht angiebt: nur der Elector habe gewählt, die anderen Grossen hätten durch gemeinsamen Zuruf ihre Zustimmung ertheilt. Ich lasse den Elector überhaupt nicht wählen, sondern die geschehene Wahl verkündigen (KW. 92).

Bestritten habe ich dagegen und bestreite ich noch, dass die Kur Abstimmung genannt werden darf, und hier lag der Hauptunterschied zwischen Seeliger und mir. Mir scheint es noch jetzt ein Widerspruch zu sein, wenn Seeliger (DZm. 10) versichert, „ein Abgeben der Stimmen für verschiedene Kandidaten, daher auch ein Zählen der Stimmen sei in älterer Zeit ganz unbekannt gewesen", und dennoch fortwährend von Einzelabstimmungen spricht, eligere als synonym mit laudare, abstimmen erklärt u. a.[1]) Ob im Mittelalter oder in der Neuzeit, unter einer Abstimmung ist nur eine Handlung zu verstehen, die entscheidet, ob eine oder welche Person ein Amt erhalten soll, — und dass sie damals in ganz moderner Weise bekannt und üblich war, bezeugen die kirchlichen Wahlen —, aber eine Handlung, welche lediglich eine Person in der ihr bereits zugesprochenen Würde bekräftigt, ist keine Abstimmung. Dass eine solche Handlung bei der Königswahl vorhanden war, begründet eben ihren Unterschied von den modernen Wahlen. Daher meine ich, dass der verwirrende Ausdruck „Abstimmung" für den Schlusstheil der Wahl ganz auszuscheiden ist. Seeligers zuletzt nebenher gebrauchtes Wort „Einzelverpflichtung" wäre ganz brauchbar, wenn nicht der Sachsenspiegel dafür das bessere, technische: „kiesen" hätte.

Hatte ich früher gesagt, dass die Vorwahl eine form- und zwanglose, nicht an bestimmte Regeln gebunden war, so hat

---

[1]) Seeliger frägt mich DZm. 9: „Welche Stellen meiner Ausführungen haben Anlass bieten können, ich wäre der Meinung, dass die mittelalterlichen Schriftsteller das Wort eligere im Sinne von abstimmen gebrauchen? Wiederholt und nachdrücklich habe ich vielmehr das Gegentheil versichert". Vgl. dazu Seeliger M. XVI, 53: „Bruno braucht laudare synonym mit eligere und zwar mit cligere im Sinne von abstimmen". Dem entsprechend S. 59, DZm. 13: „Dass laudare und eligere hier nicht Einzelhuldigung sondern Einzelabstimmung bedeuten, glaube ich in meinem Aufsatz S. 57 zur Genüge bewiesen zu haben". Ferner übersetzt Seeliger S. 55 aus Wipo: Der Mainzer (laudavit et elegit) **gab seine Stimme** dem älteren Konrad (S. 56: **Abstimmung** der Geistlichen), S. 56: **Als der jüngere Konrad (elegit) dem älteren Vetter die Stimme gab.** Wenn Seeliger unter Abstimmen **nicht** Abstimmen verstand, musste er ein anderes Wort dafür wählen. Dann wäre ein guter Theil unseres Streites vermieden worden.

dem Seeliger meines Wissens nie widersprochen, wenigstens über die Weise, in der er sie sich denkt, keine Auskunft gegeben. Ganz anders Ernst Mayer. Er sagt II, 386 f.: „Die Schilderung, die im Sachsenspiegel von der Königswahl gegeben wird, entspricht fast bis auf das Wort der Schilderung des Scrutinium bei Bernardus Papiensis"[1]). Die dort den Scrutatoren vorgeschriebene Thätigkeit entspreche der „der sechs ersten an der Kur". Diese seien also dasselbe, wie die Scrutatores oder Electores der kirchlichen Wahlen, und da bei diesen drei Scrutatoren durch Innocenz III. vorgeschrieben waren, „so wird man in den drei geistlichen und den drei weltlichen „Kurfürsten" eben nur die Scrutatoren ihres Kollegs zu sehen haben. Wie die geistlichen Scrutatoren durch einen aus ihrer Mitte die Wahl erklären lassen, so verkündet jedenfalls seit der zweiten Hälfte des 13. Jahrhunderts immer ein Kurfürst das Wahlresultat dadurch, dass er, wie bei kirchlichen Wahlen, seine persönliche Wahlerklärung (eligo te in regem) von sich giebt" (S. 388). Mayer hält es für sicher, dass 1202 bereits dieser Gebrauch vorhanden war[2]), und glaubt, dass sich Scrutinialverfahren bei den deutschen Königswahlen schon im 12. Jahrhundert erkennen lasse.

Stimmt demnach Mayer insofern mit mir überein, dass er die Kurfürsten von Electoren bei der Wahl ableitet, so nimmt er, wie Seeliger und ich, gleichfalls an, dass die sogenannte Vorwahl die eigentliche Entscheiduug brachte, aber er fasst sie in ganz anderer Weise auf, als Scrutinium, Abstimmung.

„Von der Erklärung der Scrutatoren ist scharf die rechtliche Hauptsache, nämlich die rechtliche relevante Wahlerklärung, die man sehr unpassend als Vorwahl bezeichnet hat, zu unterscheiden. Natürlich liegt diese Erklärung vor der Verkündigung durch die Scrutatoren, und so schildert es auch der Sachsenspiegel" (S. 390). Ferner S. 392 f.: „Nach der Schilderung des Sp. folgt der Wahlerklärung der Kurfürsten (electio), welche

---
[1]) Sie ist oben S. 11 mitgetheilt.
[2]) Wegen der Erwähnung eines Electors, vgl. oben S. 19 und Beilage II.

ihrerseits der Erwählung nachgeht¹), noch eine Erklärung der übrigen Fürsten, und das wird durch andere Nachrichten bestätigt".

Mayer nimmt also für die Erwählung eine Abstimmung an und denkt sich die Sache folgendermassen: Erst erfolgt das Scrutinium, die Erwählung. Ihr Ergebniss machen die Scrutatoren (die Kurfürsten) zur Wahlerklärung und kiesen damit. Hinter ihnen kiesen noch die übrigen Fürsten. Ursprünglich, so ist seine Meinung, konstatirten die Fürsten in ihrer Gesamtheit die vorgenommenen Wahlen, bis sich das Scrutinium darüber schob, und dieses Kiesen der Fürsten an zweiter Stelle im Sachsenspiegel ist nur eine absterbende rein formelle Berechtigung.

Meine Ausführungen im vorigen Abschnitt gegen Bresslau waren zugleich gegen Mayer gerichtet, und so muss ich hier nochmals erklären, dass ich seine Meinung von dem Eindringen kirchlichen Rechtes in die Königswahl nicht theile²). Wenn ich auch wie er bei der Wahl von 1198 den Bestand eines Electors annehme, so erkläre ich ihn als deutsche Eigenthümlichkeit, nicht als Uebernahme von der Kirche. Dass man in Deutschland nur deutschen Brauch anerkannte und sich lediglich auf ihn berief, beweist die Aussage der Anhänger Philipps gegen Innocenz III.: Romanorum regis electio si in se scissa fuerit, non est superior iudex, — sed eligentium voluntate spontanea consuenda³). Die deutsche Kur deckt sich mit keiner der kirchlichen Einrichtungen, die Abstimmung hat bei beiden eine andere Bedeutung.

Daher sehe ich das Kiesen der Fürsten nicht als lahmes Nachschleppen oder eine Folge veralteter Einrichtungen an.

Dagegen schlage ich mich in einer anderen Frage auf die Seite Mayers, indem ich ihm darin Recht gebe, dass die Erwählung festere Formen hatte, als ich früher annahm, dass bei ihr thatsächlich eine wirkliche Abstimmung stattgefunden

---

¹) Im Text steht fälschlich: „welcher ihrerseits die Erwählung nachgeht". Herr Kollege Mayer hat mich bevollmächtigt, diesen Druckfehler zu berichtigen.
²) Ueber seine Deutung der arbitri vgl. Beilage II.
³) Const. II, 6.

hat. Bestand sie auch kaum schon in den älteren Zeiten, so hat sie sich allmälig gebildet. Bei ihr stimmte zuerst, wer die prima vox hatte, also der Erzbischof von Mainz, wenn er zugegen war[1]). Nach ihm gab die Geistlichkeit ihre Stimme ab, dann die weltlichen Herren. Hierher beziehe ich jetzt die Aeusserung der deutschen Bischöfe von 1158: electionis primam vocem Moguntino arepo., deinde quod superest caeteris secundum ordinem principibus recognoscimus; ferner den ersten Theil von Bertholds Erzählung 1077 über Rudolfs Wahl und die Arnolds von Lübeck über die Anerkennung Ottos IV. im Jahre 1208[2]).

Vergleichen wir den Sachsenspiegel mit den Wahlvorgängen im vierzehnten Jahrhundert, so ist zunächst ungewiss, ob seine Erwählung den dort erwähnten tractatus (oben S. 14) oder der Nominatio ad eligendum entspricht. Die ersteren haben den Zweck, unter den möglichen Personen die geeignetste herauszusuchen. Sie enden mit der Einigung über den besten Mann, der dann der Abstimmung unterworfen wird. Während die tractatus freie zwanglose Besprechungen sind, wird der folgende Akt in festen Formen vollzogen, es wird abgestimmt. Die Erwählung des Sachsenspiegels hat die Aufgabe, diejenige einzige Person festzustellen, welche nachher gekürt werden soll. Diese Person aber sollen „alle Fürsten" erwählt haben. Was will der Sachsenspiegel damit sagen? Dass er etwa nur die Mehrheit meint, ist durch den Wortlaut ausgeschlossen. Das „Alle" kann auch nicht rückbezüglich sein, etwa so, dass nur alle, die ihn kiesen wollen, ihn gewählt haben müssen, nicht aber auch die anderen Fürsten. Denn sonst könnte nicht von den Sechs verlangt werden, dass sie ihn unter allen Umständen kiesen sollen. Also kann die Erwählung nicht die tractatus bedeuten, sie kann auch nicht eine Abstimmung über Mehrere sein, sie stellt nur fest, dass Alle den Einen zur Kur bezeichnen. Die Erwählung kann also erst geschehen, wenn bereits Einmüthigkeit durch vorangegangene tractatus hergestellt ist. Es

---

[1]) Mayer II, 392 überschätzt wohl die Bedeutung der prima vox, da sie bei einer wirklichen Abstimmung durch jede andere entkräftet werden kann. Vgl. oben S. 21.

[2]) Ottonis Fris. et Rahewini Gesta Frid. III c. 16; Scr. V, 292; Arnold VII c. 13.

ist eben die Idee der Einhelligkeit der Wahl, welche den Verfasser des Sachsenspiegels leitete. Er stellte das Idealbild einer durch das ganze Reich giltigen einmüthigen Wahl auf. Daraus ergiebt sich, dass die Erwählung des Sachsenspiegels sich dem Sinn und dem Inhalt nach vollkommen mit der Nominatio ad eligendum der späteren Zeit deckt. Sie ist die Folge der tractatus, die Vorbedingung, nicht der Abschluss der Gesamtwahl.

Haben wir bisher urkundlichen Boden unter den Füssen, so sind wir für die ältere Zeit auf die immer unsicheren Nachrichten von Schriftstellern angewiesen. Sie sind überaus dürftig und abgesehen von Bruno, der fast nur über die Kur berichtet, ist es der einzige Berthold, der für Rudolfs Wahl einigen Anhalt giebt[1]). Die Bischöfe und die Laien beriethen gesondert „pro rege constituendo". „Tandem totum senatorum necnon populi — collegium episcoporum primum — nominandi et eligendi regis dum expectaret suffragium, — Rudolfus primum a Mogontino episcopo, deinde a caeteris in regem ab eis nominatus et electus est. Hos sequitur sine mora totus senatus et populus, solita iurisiurandi fidelitate sese omnes in id ipsum legitime subiicientes. Hac electione legitime — totius populi suffragio et laudamento — peracta — (in Mainz) ab eisdem episcopis et totius populi conventu sibi illic in — regem laudatus, unctus et ordinatus".

Berthold lässt die Bischöfe allein den König bestimmen und die Laien nur ihn annehmen, ein Verfahren, das bei jenem revolutionären Vorgange sehr wohl geschehen sein kann. Uns interessirt hier nur, dass die Handlung der Bischöfe in nominare und eligere zerlegt wird. Es ist das die älteste Stelle, in der nominare vorkommt. Es begegnet auch sonst selten. Ich verzeichne noch Chron. Sampetr. 1211: novo regi denominato, wo von der Aufstellung Friedrichs II. gegen Otto die Rede ist, 1220: nominatus est in regem, von der Designation Heinrichs (VII.)[2]). Otto IV. schrieb dem Papste, einige Fürsten hätten sich angemasst, Philipp „in regem nominare", er wollte

---
[1]) Scr. V, 292.
[2]) Ann. Spir. M. G. XVII, 84.

damit sagen, dass er ihn nicht als rechtmässigen König betrachtete¹). Nominare ist also nur die Vorstufe, über welche zum rechtmässigen Königthum emporgestiegen wird, aber keine volle Wahl. Vielleicht wird auch hier der Einwurf erhoben, dass Berthold lediglich zwei Synonyma zusammengestellt habe, und nominare gleich eligere sei. Mit solchen Einwänden wird jede feinere Untersuchung unmöglich gemacht. Der Gesamtsinn der Stelle als Erwählung würde freilich dadurch nicht geändert werden. Auch hier ist zu prüfen, ob Bertholds nominare die tractatus bedeuten kann. Dass solche stattfanden, geht aus dem Berichte Brunos über dieselbe Wahl hervor²). Im kirchlichen Sprachgebrauch heisst deliberatio oder auch nominatio die anfängliche Verhandlung, in der Kandidaten vorgeschlagen werden; ihr folgt dann die Einzelelectio aus ihnen. Diese Nominatio ist also gleich den tractatus der späteren Wahldecrete; sie endeten jedesmal, da der Ausgang von vornherein feststand, bereits mit der Einigung über die Person, aber noch war die Abstimmung erforderlich, die Nominatio ad eligendum. Sie ist also nicht jener Nominatio gleichzusetzen. Könnte man ohne weiteres die späteren Verhältnisse zum Maass der früheren machen, so wäre kein Zweifel, was Berthold mit seinem nominare meint. Aber er, der ohnehin dem geistlichen Stande angehörte, könnte sehr wohl auch die deliberatio darunter verstehen. In dieser Verlegenheit giebt der Wortlaut allein den sicheren Führer. Berthold bezeichnet das Ganze als suffragium, die Nominatio geschieht bereits primum a Mog. epo. deinde a caeteris, also erfolgte sie durch Abstimmung oder ihr gleichen Beschluss, für den der Mainzer zuerst eintrat. Bertholds nominare ist also die Erwählung des Sachsenspiegels, sein eligere ist die Kur³).

---

¹) Const. II, 24.
²) Ex multis — elegerunt, vgl. unten.
³) In päpstlichen auf deutsche Wahlsachen bezüglichen Briefen, doch erst seit 1256, wird mehrmals nominare und eligere (ausserdem consentire) zusammengestellt, doch bald das eine, bald das andere zuerst, so dass sich ein systematischer Gebrauch nicht erkennen lässt. Der Zweck

Alte und neue Zeit, durch den Sachsenspiegel vermittelt, stimmen demnach überein. Berthold kennt bereits die Nominatio ad eligendum der Wahldecrete. Von dem äusseren Hergang bei der Erwählung sagt der Sachsenspiegel nichts. Von der Kur berichtet er nur, dass die genannten sechs Fürsten zuerst kiesen, dann die übrigen, Pfaffen und Laien. Er schreibt also den Sechs lediglich ein Vorkürrecht zu, keineswegs ein Vorrecht bei der Erwählung. Unklar ist, was der Sachsenspiegel mit „bi name" sagen will. Die meisten erklären es als „namentlich", und in der That kommt bi namen in diesem Sinne vor. Aber in Verbindung mit dem voranstehenden allererst entsteht dann eine überflüssige Häufung der Ausdrücke. Was kann aber sonst bei Namen bedeuten? Die Nominatio, an die man denken könnte, war schon vollzogen. Ottokars Reimchronik hat zweimal (v. 59604 ff., 71783 ff.) die Formel: In dem namen der drivaltikeit gib ich ein kunic und benenne etc., und: den ich in hie gib ze kunige zuerkennen: ich beruofen und benennen ze kunic romischem riche etc. Liegt hier das „bi name" zu Grunde, so besagt es: „ich gebe N. den Namen eines römischen Königs". Namen bedeutet aber auch Titel, wie der Sachsenspiegel bekundet, wenn er III Art. 52 sagt, der auf den Stuhl zu Aachen gesetzte habe „königlichen Namen", der vom Papste geweihte „kaiserlichen Namen". Die Kur ertheilte also dem Erwählten den Titel eines Königs, zu dem ihn die Erwählung bestimmt hatte.

Ist diese Darlegung richtig, so fördert sie uns in dem inneren Verständniss des Sachsenspiegels. Denn er bezeichnet zwar die Handlung der Fürsten, gleich der der Vorkürer, mit demselben Wort kiesen, aber er macht einen Unterschied. Die Sechs müssen erst dem Erwählten den königlichen Titel ertheilt haben, ehe die anderen Fürsten kiesen. Sie stehen also zusammen vollkommen an der Stelle des Electors. Man sieht daraus zugleich, welchen Werth man der Electio beilegte,

---

ist nur, das ertheilte Wahlverbot durch Häufung von Ausdrücken recht klar zu machen. Fontes rer. Austr. II, 25, 190; M. G. Epistolae saec. XIII. III, 399; 487; Const. II, 521.

dass man an sie, nicht an die Erwählung, den Vorrang knüpfte. Wie sich das der Sachsenspiegel im Einzelnen dachte, können wir nicht errathen, und als Gesamtheit sind die Kurfürsten erst 1273 ins Leben getreten. Aber die spätere Zeit zeigt sie als gleichberechtigt (oben S. 18). Der Sachsenspiegel giebt keine durchgehende Reihenfolge; Geistliche und Laien stellt er als gleichberechtigte Gruppen, in deren jeder für sich von Eins bis Drei gezählt wird, neben einander[1]). Daher übertragen die Kurfürsten jedesmal ausdrücklich die Ausübung des gemeinsamen Rechtes einem aus ihrer Mitte. Wahrscheinlich hat auch der Sachsenspiegel ihnen dieses Recht zugedacht und vor allen ihnen die Fähigkeit, Elector zu sein, zuerkannt.

Von älteren Quellen berichtet allein Bruno Näheres über die Kur. De bello Sax. c. 91: Ex multis, quos probitate dignos in electione proposuerant, tandem Rodulfum — regem sibi Saxones et Suevi concorditer elegerunt. At cum singuli deberent eum regem laudare, quidam voluerunt aliquas conditiones interponere, ut hac lege eum super se levarent regem, — Otto namque dux non prius volebat eum sibi regem constituere, nisi promitteret honorem sibi iniuste ablatum restituere. Sic et alii multi suas singulares causas interponunt, quas ut ille se correcturum promitteret, volunt. — Quod intelligens legatus fieri prohibuit et ostendens eum non singulorum sed universorum fore regem — ut universis iustum se promitteret, satis esse perhibuit. Ait, si eo modo, quo coeptum esset, promissionibus singillatim praemissis, eligeretur, ipsa electio non sincera — videretur.

Wir sehen hier die Tractatus — ex multis — dann die Erwählung: concorditer elegerunt. Darauf folgt die Einzelverpflichtung der singuli. Ausdrücklich heisst es: „deberent", nicht laudarent. Es handelt sich nur um die Person Rudolfs, doch es steht bei den Einzelnen, ob sie die Laudatio vollziehen wollen; thun sie es, dann machen sie erst die Wahl rechtskräftig: levant eum super se regem oder regem eum sibi constituunt. Namentlich der letztere synonyme Ausdruck erläutert das laudare deutlich.

---

[1]) KW. 201. Aehnlich Mayer II, 388.

Zweiter Abschnitt.

Als ich dieser Stelle wichtige Auskunft über die Laudatio entnahm, behauptete Seeliger dagegen, es liege hier Einzelabstimmung vor (M. XVI, 58, DZm. 13). Darüber brauchen wir nicht mehr zu streiten, seitdem Seeliger, wie wir oben sahen, die Einzelabstimmung als Einzelverpflichtung erklärt hat. Er möchte freilich hier laudare zum Synonym von eligere herabdrücken, weil nachher der Legat dafür letzteres Wort gebrauche. Aber eine unmittelbare Beziehung ist nicht vorhanden, denn es liegen mehrere Sätze dazwischen, und der Legat hegt Besorgniss für die Giltigkeit der Gesamtwahl. Doch der Text liegt ja offen vor.

Jedenfalls ist hier bei der Kur der Ausdruck laudare für die Einzelhandlung festgestellt und zugleich erläutert der Schriftsteller selber den Sinn.

Dritter Abschnitt.

Laudare — Geloben — Kiesen.

Wir sahen soeben, in welchem Zusammenhange und in welchem Sinne Bruno laudare sagt. Doch ist damit die Sache nicht erledigt und erst eine nähere Untersuchung über dieses Wort erforderlich. Ich stelle daher zur Uebersicht die hauptsächlichsten Stellen über laudare zusammen, soweit sie sich auf die deutsche Königswahl beziehen[1]).
Seeliger häuft auf mich HV. 517 die schwersten Vorwürfe, die, wenn sie gerechtfertigt wären, meine völlige Unfähigkeit, wissenschaftliche Untersuchungen zu machen, darthun würden. Ich unterlasse es, auf sie einzugehen. Er hat nicht beachtet, dass ich lediglich Stellen verwerthe, welche sich unmittelbar und allein auf die Einsetzung als König beziehen. Ebensowenig hat er meinen Ausführungen M. XIX, 411 Aufmerksamkeit geschenkt, sonst hätte er mir nicht Sätze, wie „sententia laudatur", entgegenhalten können. Es ist kaum nöthig zu bemerken, dass die Sprache sich derselben Wörter in verschiedenem Sinne bedient, der sich nur aus dem jedesmaligen Zusammenhange entnehmen lässt. Welche mannigfache Bedeutungen hat nicht z. B. bestehen? So heisst laudare häufig kurzweg loben, aber es kann auch in anderem Zusammenhange anderes besagen. Technische Wörter haben stets eigene Bedeutung.

---

[1]) Auf seine Anwendung bei der Papstwahl und anderweitig (vgl. M. XIX, 413) gehe ich diesmal nicht ein, um diese Untersuchung nicht allzusehr zu verlängern. Doch vergl. dazu Ende des vierten Abschnittes.

1. Chron. Reginonis zu 895: Zwentibald wird von Arnulf als König in Lothringen eingesetzt: omnibus assentientibus et collaudantibus.
2. Thietmar von Merseburg (ed. Kurze).
   a) II c. 1: in regem sibi collaudans; vgl. unten S. 46.
   b) II c. 44: conlaudatur in dominum, vgl. unten S. 45.
   c) V c. 14: rex a comite et a primis illius regionis collaudatur in dominum.
   d) V c. 20: a primatibus Liuthariorum in regem collaudatur.
   e) V c. 30: (Der Böhmenkönig Boleslaw: communiter in dominum laudatur.)
3. Vita Henrici II. des Adalbold (Scr. IV).
   a) S. 686: collaudant, collaudato etc., vgl. unten S. 47.
   b) S. 687: eligitur, collaudatur, in regiam sedem extollitur. Sic igitur rex ab omnibus unanimiter collaudatus.
   c) S. 692: recipitur a civibus, acclamatur, collaudatur, coronatur.
   d) S. 692: collaudant — collaudatus, vgl. unten S. 47.
4. Vita Burchardi (Scr. IV, 836): (Heinrich II.) collaudantibus cunctis, qui aderant, sceptrum regni accepit.
5. Marianus Scotus (Scr. V, 555) (Heinrich II.) electione populi laudatus est.
6. Ueber die drei Stellen des Wipo vgl. Abschnitt IV.
7. Arnulfus Mediol. (Scr. VIII, 12): Cumque Teutones sibi Chuonradum eligerent, (Heribertus) eundem — laudavit — coronavit [1]).
8. Bruno c. 91: Cum singuli deberent eum regem laudare, vgl. oben S. 33.
9. Berthold ad a. 1077: laudamento — laudatus, vgl. oben S. 30 und unten.
10. Aus einem Rundschreiben, bei Ekkehard (Scr. VI, 327), das Heinrich V. bekannt machen liess, als der abgesetzte Heinrich IV. wieder in Lüttich als Herrscher aufgetreten war. Heinricum — abdicavimus, catholicum nobis — regem elegi-

---

[1]) Ebenso sagt Landulf (Scr. VIII, 53) collaudare in Bezug auf Otto I.

mus. Ipse tamquam voluntarius — collaudavit, regalia reddidit, filii curam cum regno nostrae fidei — commisit.

11. Designation Heinrichs VI. (Scr. XVII, 490): Ubi ex consensu et collaudatione omnium principum qui aderant, imperator filium suum in regem electum — firmavit.

12. Von Erzbischof Adolf von Köln, welcher der Designation Friedrichs II. widerstrebt hatte, sagt Otto von St. Blasien zu 1196: qui — postea puerum in regem collaudavit[1]).

13. Philipp von Schwaben: Moguntiam est adductus populoque ostensus, sicut moris est facere de electis et pari voto omnium et consensu, acclamatione quoque unanimi et applausu in regem est collaudatus. Scr. XXIII, 113.

Es sind also Stellen genug vorhanden, welche den Gebrauch von laudare bei der Königswahl vom neunten bis ins dreizehnte Jahrhundert bezeugen. Oft steht es in Folge der kurzen Ausdrucksweise der Quellen nur für die Gesamthandlung, doch auch diese Stellen bekunden, dass das Wort mit der Sache in engsten Zusammenhang gesetzt wurde. Das Technische des Ausdruckes erhellt ferner daraus, dass laudare stets entweder allein ohne jede Beifügung oder nur mit „in regem" construirt wird. Niemals kommt in diesem Zusammenhange laudare electionem oder factum oder ähnliches vor. Gerade in diesem Umstande, den ich bereits M. XIX, 411 betonte, liegt das Technische.

Meine Auslegung von laudare stützte ich KW. 75 darauf, dass in demselben Zusammenhange der deutsche Ausdruck dafür „loben" oder „geloven" ist. Paul Puntschart pflichtete mir vollkommen bei und wies nach, dass auch im sonstigen Rechtsleben laudare Geloben bedeute[2]). Seeliger erkannte letzteres an[3]), dagegen meint Mayer S. 393 Anm. 67, Puntschart habe

---

[1]) Die Chron. regia Colon. (S. 159) sagt von derselben Sache: [Adolfus] postmodum consensit, iuramentum praestans.

[2]) Schuldvertrag und Treugelöbniss des sächsischen Rechts im Mittelalter 32 ff., 302 ff., 329 f.

[3]) DZm. 12. Er bemerkt jedoch gegen Puntschart, das Treugelöbniss im Schuldvertrage sei nicht als laudatio zu bezeichnen, weil ungleich häufiger promittere oder ein anderer Ausdruck gebraucht werde. Aber promittere ist auch nichts anderes, als geloben, wie die unendlich häufige

keinen einzigen stringenten Beweis für laudare = geloben geliefert. Es steht freilich mit laudare = geloven ähnlich wie mit eligere (vgl. oben S. 19). Da das Gelöbniss eine Zustimmung voraussetzt, kann man leicht das Besondere in das Allgemeine auflösen. Ich will Puntschart nicht vorgreifen und begnüge mich, wenige Stellen anzuführen. Laudamentum heisst nicht nur ein Geldversprechen, das niemals harmlos aufgefasst wird, sondern 1234 auch geradezu das Gelöbniss des Herzogs Ludwig von Baiern, gegen den Kaiser und den König nichts Feindliches vorzunehmen[1]). Für das Bisthum Brixen wurde 1229 ein Landfrieden festgesetzt und beschworen (iuratum a melioribus et maioribus). Bischof und Graf fide data in manus domini H. decani laudaverunt, quod — ratum habebunt[2]). Markgraf Otto von Brandenburg und König Ottokar von Böhmen schlossen 1261 einen Vertrag: Que omnia laudamus et singula promittimus — sub pena periurii[3]). Heinrich V. schrieb 1111 den Römern, er werde seine Verheissungen erfüllen: ut legati nostri iussu vestro laudaverunt[4]). Derselbe Kaiser erliess 1107 eine Mahnung zur Reichsheerfahrt: quia — firmiter est laudata ab omnibus nostris expeditio[5]).

Entsprechend der eben angeführten Stelle sagt die Sächsische Weltchronik: dar loveden de vorsten ene herevard uppen hertzogen Heinricke[6]). Damit ist die Brücke geschlagen zwischen dem Lateinischen und Deutschen. Doch ich will nicht auf das weitschichtige Kapitel von laudare, loben und geloben hier eingehen. Es genügt vollkommen, nachzuweisen, dass dem

---

Verbindung promitto et iuro beweist (vgl. auch unten Anmerkung 1). Schon im Liber diurnus (ed. Sickel 69) heisst der Eid der Bischöfe: promissio fidei.

[1]) Const. II, 122, 35; 431, 37; vgl. 569, 20: sub eodem laudamento et iuramento.
[2]) Const. II, 569, 11 ff.; vgl. 569, 13: fide data in manus — laudaverunt.
[3]) Const. II, 636, 27. Man kann nicht einwenden, laudamus gehe nur auf omnia. In jedem Vertrage werden in der Regel omnia et singula der Sicherheit halber gleichmässig verbürgt.
[4]) Const. I, 134, 17.
[5]) Const. I, 133, 30.
[6]) Deutsche Chron. II, 231, 1.

laudare bei der Königswahl durchaus das deutsche geloben entspricht.

Seeliger glaubte meine Berufung auf Puntschart abweisen zu können, indem er DZm. 12 bemerkte: „dass im Mitteldeutschen loben diese Bedeutung stets besessen habe, das wurde nicht nachgewiesen und sollte nicht bewiesen werden". Gewiss nicht haben Puntschart und ich diese Absicht gehabt[1]). „Um richtig zu verstehen, in welchem Sinne die Schriftsteller in ihren Berichten über die Königswahlen laudare anwenden, genügt nicht der Hinweis auf den gelegentlichen Sprachgebrauch sächsischer Vertragsurkunden". In der Anmerkung 3 sagt Seeliger ferner: „Dazu ist zu beachten, dass — dem loben, wenn es die Bedeutung von „geloben auf Treue" hat, die das Gelöbniss empfangende Person im Dativ beigefügt wird, während im Accusativ der Gegenstand des Gelöbnisses steht". Wenn ich sage: ich wähle dir ein Haus, oder: ich wähle Jemanden zum Freunde, oder endlich: Er wurde König, indem die Fürsten wählten, so ist wählen jedesmal anders verbunden, aber Niemand wird behaupten, dass es auch jedesmal eine andere Bedeutung habe. Genau so steht es mit laudare und geloben.

In den oben angeführten Stellen ist laudare entweder allein, oder: in regem oder dominum construirt. Genau so wird geloven in Bezug auf die Königswahl gebraucht. Die sächsische Weltchronik bietet zwei Fälle dar[2]). Von Kaiser Heinrich VI. heisst es S. 235, 28: He schop oc, dat de vorsten sinen sone Vrederike to koninge loveden unde dat se eme sworen. Ebenso von Friedrich II. (242, 15): da bat he de vorsten alle, dat si Henriche, sinen sun, zu koninge loveden. Sehr viel reicheres Ergebniss liefert die Kaiserchronik. Ueber sie bemerkt Seeliger DZm. 12, Anm. 3: Lexer I, 194 erklärt zwar einen loben = ihm geloben, kann aber blos auf Kaiserchronik 16806 ver-

---

[1]) Wenn ich bei dem Streite über die Beisetzung Karls des Grossen den Beweis führte, dass solium Sarg heissen kann, wollte ich auch nicht behaupten, dass es immer diese Bedeutung haben müsse.

[2]) Dass sie nicht häufiger diesen Ausdruck gebraucht, liegt wohl daran, dass sich die Chronik in ihren ersten abhängigen Theilen nach Ekkehard richtete, der meist regnare coepit oder regnavit sagt. Beide obigen Stellen gehören der selbständigen Abfassung an.

weisen. Und dass an dieser Stelle, mit der 16831 zu vergleichen ist, loben nicht geloben bedeutet, hat Schröder im Glossar der Monumentaausgabe bemerkt[1]). So wird denn auch gewiss nicht Kaiserchronik 16856: die in da vor lobeten zu rihtaere u. v., das loben als huldigen aufzufassen sein". Und endlich S. 13 Anm. 2: „In den Vertragsurkunden steht laudare aliquid für etwas geloben; sollte es möglich sein, „laudare aliquem" mit „jemandem geloben" zu übersetzen?"
Vollen Bescheid auf Seeligers Zweifel giebt die Kaiserchronik. Sie ist bekanntlich in Süddeutschland entstanden und hat also nicht „den gelegentlichen Sprachgebrauch sächsischer Vertragsurkunden". Sie zeigt zum Ueberfluss, dass in Oberdeutschland geloven ebenfalls gleich dem lateinischen laudare im Gebrauch stand. Zugleich gehört sie der zweiten Hälfte des zwölften Jahrhunderts an, in der das Königthum und Alles, was damit zusammenhängt, dem Volke noch näher stand, als im folgenden. Nicht ein oder das andere Mal, nicht in zweifelhafter Weise, sondern mindestens dreizehn Mal[2]) und in klarster Form beweist sie, dass laudare aliquem zu Deutsch: Jemanden geloben heisst. Ich ordne die Stellen nach ihrem Charakter.

I. 5101: si in gelobeten ze ainem vogete, 13407: ich haize Romare voget und bin durch daz ze rihtaere gelobet, 13833: si lobeten ain rihtere, 15096: die vursten in do lobeten ze herren unt ze vogete, den christen ze ainem rihtaere, 16856: di in da vor lobeten ze rihtaere unt ze vogete, 16967: daz in die vursten lobeten ze (wie oben), 17047: da lobeten si in ze chunige.

II. 7245: Romaere lobeten — Lucium, si namen in ze rihtaere, 15762: si gelobeten alle geliche den graven Hainrichen, 15857: so lobeten si den sun deste baz, 16142: die vursten lobeten da geliche ainen Hainrichen, 16807: Hainrichen lobeten si alle gemainliche, si emphullen im daz riche, 16831: alle, di in lobten ze Bunne.

---

[1]) Diese Bemerkung Schröders beschränkt sich darauf, dass er verzeichnet: loben: wählen (16831). Er führt nur diese eine Stelle an.
[2]) Es mögen wohl noch mehr einschlägige Stellen vorhanden sein, als ich anführe.

Nach solchem Ergebniss konnte ich mir wohl weitere Nachsuche ersparen[1]). Aber es lassen sich noch schärfere Folgerungen aufstellen. Laudare ist nicht nur gleich Geloben, sondern steht auch mit Kiesen im engsten Zusammenhange. Wir begegneten bereits oben S. 24 einer Angabe, die loben an der Stelle sagt, wohin der Sachsenspiegel die Kur setzt. Die Kaiserchronik und der sogenannte Trierer Silvester benutzten unabhängig von einander die Vita Silvestri, in etwas abweichenden Redactionen. An derselben Stelle sagt die Kaiserchronik 8584 ff.: zwene philosophi die lobeten si, — di des sendes rihtaere waren, der Silvester: zu deme sende wort ein gelubde getan — zwene philosophi, die irkuren si dabi, daz se des sendes richtere weren [2]).

Kiesen ist ein sehr vielseitiges und vieldeutiges Wort. Die Germanisten erklären es mit prüfen, genauer: gustare, schmeckend prüfen. Wackernagel stellte dem Kiesen wählen als wollen entgegen. Er geht aus von der Wahl bei einer getheilten Erbschaft. „Bei Wählen soll dieselbe Erbschaft auf dem billigsten Wege unter zwei gleichberechtigte Personen getheilt werden, bei Kiesen soll Eine Person sich entscheiden, welchem von zweien ihr schon gesondert vorgelegten, bereits getheilten Dingen sie den Vorzug giebt" — „bei Wählen ist mehr ein Gegensatz der Subjekte, bei Kiesen mehr einer der Objekte" [3]).

Wackernagel hat nicht die Königswahl herangezogen, aber seine Erklärung trifft genau mit dem Sachsenspiegel zusammen. Die Erwählung entscheidet, wer König werden soll, die Kur, ob der Einzelne die bereits bestimmte Person für sich zum Könige nehmen, ob er sie, wie Bruno sagt, sibi regem constituere, sich zum Könige setzen will. Auch im Sachsenspiegel anderweitig findet sich diese Bedeutung. III. Art. 79 verbietet

---

[1]) Ottokars Reimchronik 12672: Bescheidenheit in lobete ze stetem ingesinde, zeigt, wie allgemein diese Anwendung von geloben war.
[2]) Deutsche Chron. I, 57 v. 670 ff.
[3]) Theilen, theilen und wählen, theilen und kiesen, in Haupts Zeitschrift II, 547.

den Bauern in einem neu ausgesetzten Dorfe: Nen recht ne mach he aver in geven noch sie selven kiesen. So bedeutet dort auch kore wie willekore die freiwillige Entschliessung. Bekannt ist, wie oft Rechte von Städten und Gemeinden: Küre, Keure u. dgl. genannt werden. Bemerkenswerth ist nun, dass auch in diesem rechtlichen Zusammenhange laudare begegnet. Laudum heisst ein gefällter Urtheilsspruch [1]). Lehrreich ist eine Urkunde von 1184. Da der Bischof von Trient ihm den Bau einer Burg verweigert hatte, kam Graf Heinrich von Tirol zu Kaiser Friedrich I. und bat: inquirere laudum super hoc. Friedrich: interrogavit Ottonem falsegravium, ut laudaret quid iuris esset, qui laudavit dicens etc. Factum est hoc laudum etc.[2]). In ähnlichen Urkunden heisst es: sententiam proferre[3]). Laudum ist also ein gerichtlich gefundenes Weisthum, ein gekornes Recht; laudare heisst, ein Recht setzen[4]). Rex laudatus ist also der gekorene König.

Heinrich V. bestätigte 1108 den Einwohnern von Staveren: omne ius, quod a Karolo rege determinatum est eis et institutum et ab ipsis loci probatissimis est decretum et inventum et quod ab aliis sapientibus patrisque nostri fidelibus est collaudatum[5]). In dem Hunsingoer Text der Ueberküren heisst es: The alle Fresen skipad weren, tha leweden hia, was Heck übersetzt: Als alle Friesen eingetheilt waren, da beschlossen sie. Zugleich bemerkt derselbe Gelehrte: „Die Küren erscheinen einmal als Produkte des Volkswillens „als Küren, Kesten, electiones, petitiones" und zugleich als Königsbewilligungen (concessiones)"[6]).

---

[1]) Const. II, 207, 17; 221, 25; 643, 27 (also nicht gleich Laudamentum vgl. oben S. 38).
[2]) Const. I, n. 297 S. 422.
[3]) Const. I, n. 235, 241 u. a.
[4]) Bei Grimm Weisthümer III, 205 heisst es: ummestand des koeres, des Urtheilfinders. Nach Lexer I, 1793 bedeutet küre auch einen amtlich angestellten Prüfer.
[5]) Waitz Urkunden zur Deutschen Verfassungsgesch. 44 n. 17.
[6]) Richthofen Friesische Rechtsquellen 98. Vgl. den Aufsatz von Philipp Heck, dessen Güte ich den Nachweis dieser Stellen verdanke: Der Ursprung der gemeinfriesischen Rechtsquellen, im Neuen Archiv

Dem Sinne, wie der Sprache ist demnach Laudare nicht nur gleichbedeutend mit Geloben, sondern berührt sich aufs engste auch mit Kiesen.

XVII, 568 ff. Vgl. Richthofen a. a. O. über die siebzehn Küren S. 26: septima decima electio est und 28: Hec sunt XVII petitiones sive electiones. — Ueber den sonstigen häufigen Gebrauch von laudare und Lehnwörtern in der Rechtssprache vgl. M. XIX, 409.

Vierter Abschnitt.

Laudatio und Electio.

Besonders lebhaft ist über die Laudatio gestritten worden. Eine Verständigung mit Seeliger ist dadurch erschwert, dass er in den Quellenstellen laudare ganz verschieden auslegt: wählen im allgemeinen Sinne (M. XVI, 52), abstimmen (52 f.), einzeln abstimmen (58, DZm. 13), anerkennen (52, 54, DZm. 12), Zuruf des Volkes nach der Wahl (53), Huldigung und Volkskundgebung bei der Krönungsfeier (73 f.), endlich „synonym dem vieldeutigen eligere" (53, 58, 59, DZm. 13). Also Seeliger erblickt demnach in dem Laudare Handlungen sowohl während, wie nach der Wahl.

Während Seeliger überhaupt den Bestand einer Laudatio läugnet, erkennt Mayer 393 f. sie als im weiteren Sinne zur Wahl gehörig an, erklärt sie als „die Zustimmung, die Billigung der Person", aber als „irrelevant" und vollzogen von Nichtwahlberechtigten. Er schliesst hauptsächlich von den kirchlichen Verhältnissen aus, namentlich von Bischofswahlen, für die allerdings seine Auffassung zutreffend ist. Laudatio ist ihm gleich dem Consensus. Aber wenn bei der Wahl Rudolfs ein Otto von Nordheim unter den Laudirenden ist, darf er wohl kaum als Nichtwähler betrachtet werden, obgleich er seines Herzogthums verlustig war. Wird der Ausdruck vollends auch auf Heinrich IV. und den Kölner Erzbischof angewendet (oben S. 37 n. 10 und 12) für eine von ihnen persönlich vollzogene staatsrechtliche Handlung, so kann nicht ein gleichgültiger Akt gemeint sein. Bei der Designation 1169 collaudirten alle anwesenden Fürsten. Reicht laudare gelegentlich auch bis in das Volk, so beschränkt es doch keine einzige Stelle auf dasselbe. Zugleich ist die Stellung des Laudirens in der Reihe der Handlungen stets so, dass es nicht als leeres Anhängsel erscheint. Mayer stützt sich auf den häufig begegnenden Ausdruck Consentire. Er ist noch allgemeiner als eligere; er kann die anfängliche wie die schliessliche Zustimmung wie die zu jeder einzelnen Handlung innerhalb des Ganzen bezeichnen. In den Wahldecreten des vierzehnten Jahrhunderts geht, wie oben gezeigt wurde, der consensus der nominatio vorher, er ist das Ergebniss der tractatus über den zu Wählenden. Auch in den Quellen steht das consentire öfters vor dem laudare, vgl. oben S. 36 f. n. 1, 11, 13. An denselben Orten steht laudare ohnehin mit der Zustimmung zusammen, bedeutet also nicht das Gleiche.

Wie M. XIX, 415 weise ich nochmals nachdrücklich auf die oben unter N. 10 angeführte Stelle hin. Ihr grosser Werth liegt in ihrem officiellen Ursprung. Offen beweist sie, dass laudare staatsrechtlichen Charakter hatte. Weder an wählen, noch an billigen, zustimmen oder Lehnseid ist hier zu denken. Heinrich IV. unterwirft sich durch das Laudiren seinem Sohne. Er thut es allein, wie 1196 der Kölner Erzbischof für seine Person collaudirte.

Dass die Quellen Treugelöbniss in engstem Zusammenhang mit der Wahl bringen, ist gewiss; die Frage ist nur, ob unter ihm die Laudatio zu verstehen ist.

Meine Ansicht darüber gründete ich vornehmlich auf Thietmar und Adalbold. Bei Thietmar kommen zwei Stellen in Betracht, in denen er aus Widukind entlehnte.

a) Otto II. nach dem Tode Ottos I. Widukind III c. 76: licet iam olim unctus esset in regem —, imperatoris filio ut in initio manus dabant, fidem pollicentes et operam suam contra omnes adversarios sacramentis militaribus confirmant.

Thietmar II c. 44: Otto, patre adhuc vivente electus et unctus iterum conlaudatur a cunctis in dominum et regem.

Ita ab integro ab omni populo electus in principem.
b) Otto I. kommt 936 nach Aachen. Widukind II c. 1: Duces ac praefectorum principes cum caetera principum militum manu congregati in sixto basilicae — cohaerenti collocarunt novum ducem in solio — manus ei dantes ac fidem pollicentes operamque suam contra omnes inimicos spondentes more suo fecerunt cum regem etc.

Thietmar II c. 1: Omnis senatus obviam pervenit, fidem cum subiecione promisit et ad sedem eum ducens usque imperialem statuit eundem in loco priorum, in regem sibi conlaudans.

Dass in der ersten Stelle Thietmar collaudare für Widukinds manus dare etc. sagt, ist unbestreitbar. Ebenso ist das der Fall in der zweiten, denn Thietmar stellt collaudans in regem erst hinter die Thronsetzung Ottos, ganz wie Widukind, und umschreibt damit genau dieselben Worte, wie in der ersten Stelle, indem er zugleich das more suo etc. einbezieht.

Ich habe die Stellen nochmals abgedruckt, damit Jeder den Wortlaut prüfen und selber entscheiden kann.

Seeliger will die erste Stelle durch die zweite entkräften. Weil in dieser Thietmar vorher sagt, der ganze Senat sei Otto entgegengezogen und habe Treue und Gehorsam gelobt, so sei damit die Leistung des Treugelöbnisses ganz bestimmt als eine vom collaudare verschiedene Handlung hervorgehoben. Demnach müsse collaudare auch in der ersten Stelle etwas anderes bedeuten[1]).

Offenbar sind die fraglichen Worte eine Einschiebung Thietmars, weil er noch einen feierlichen Empfang Ottos, den Widukind nicht erwähnt hat, in den Text hineinbringen wollte. Daher kann wohl die erste Stelle die zweite verunechtete erklären, aber nicht umgekehrt[2]).

---

[1]) M. XVI, 51 f.; DZm. 14.
[2]) Ich habe schon M. XVI, 558 bemerkt, dass die Fürsten doch nicht auf der Strasse das Treugelöbniss abgelegt haben können. Es ist mehr als unwahrscheinlich, dass Thietmar mit diesem Einschub ein wirkliches

Was Widukind sich unter den sacramenta militaria dachte, ist gleichgiltig; hier handelt es sich nur um den Nachweis, dass Thietmar unter Lauriren Handschlag und Treueid verstand. Ganz ähnlich sagt er V c. 20 von den Bischöfen: episcopi regem pariter eligentes fidemque sacramentis firmantes. Adalbold gedenkt mehrmals ausführlich der Handlungen, durch welche Heinrich II. König wurde. Allerdings sind das keine eigentlichen Wahlen, aber der Schlussakt der Wahl wiederholte sich überall.

1. Heinrich kommt nach Merseburg. Die dortigen grossen Fürsten (6), ceteri episcopi de Saxonia et comites plurimi — regi occurrunt, acclamatum suscipiunt, collaudant, collaudato manus singuli per ordinem reddunt, redditis manibus fidem suam per sacramenta promittunt, fide promissa regem coronant[1]) (686), etc.

2. In Pavia. Heinrich wird per dignos applausus empfangen, in die Michaelskirche geleitet: ibi clerus, ibi nobilium coetus, ibi pleps utriusque sexus, omnes unanimes uno ore H. regem acclamant, collaudant, collaudatum per manuum elevationem designant. Collaudatus igitur coronatur etc. (692).

Seeliger hatte eingewendet (M. XVI, 52): „Durchaus unzweideutig heisst es hier: die Sachsen collaudirten, und nachdem sie collaudirt hatten, huldigten sie. Bestimmter kann ein Schriftsteller nicht ausdrücken, dass er „collaudare" für eine von manus reddere verschiedene Handlung halte". Auf meine Erwiderung M. XVI, 560 schrieb Seeliger DZm. 15: „Die Huldigung bestand in manus reddere und im fidem promittere. Adalbold zerlegt hier ganz berechtigt die Huldigungshandlung in die beiden Theile. Aber von den beiden zusammenhängenden Handlungen sondert er zeitlich scharf eine andere, die er mit

---

Ereigniss schilderte. Aehnlich sagt er V c. 14: Ibi Willehelmus Thuringorum potentissimus obviam pergens dominumque venientem cum magna gratulatione suscipiens regis efficitur. Uebrigens nimmt auch Seeliger Huldigung in Aachen an (Waitz VG. VI, 204; M. XVI, 51). Welche meint er da? Die Widukinds in der Säulenhalle des Palastes oder die Thietmars beim Begegnen?

[1]) Das coronant bezieht sich wohl darauf, dass der König, wie üblich, bei der kirchlichen Feier die Krone trug.

collaudare bezeichnet. Adalbold gebraucht also collaudare nicht im Sinne von huldigen durch Treugelöbniss mit Handschlag".

Eine „zeitlich scharfe Sonderung" ist nicht zu erkennen, denn der ganze Vorgang läuft einheitlich fort. Nur wird er in seine Theile zerlegt, wie ich selbst M. XVII, 560 erklärte. Dass collaudare mit dem Folgenden zusammenhängt, zeigt die gleichmässige Wiederholung des vorangegangenen Wortes, die bereits mit ihm beginnt[1]). Genau so, wie angeblich zwischen collaudare und dem Treugelöbniss eine scharfe zeitliche Sonderung bemerkbar sein soll, müsste sie zwischen dem manus reddere und fidem promittere vorhanden sein. Die erste Handlung beim Collaudiren ist Adalbold der den König als solchen erklärende Spruch. Dass der Schriftsteller in dem Collaudare alles zusammenfasst, zeigt deutlich genug die zweite Stelle mit ihrem Schluss: „collaudatus coronatur, ebenso die oben S. 36 n. 3 b angeführte Stelle über die Handlung in Aachen. Collaudare ist bei Adalbold untrennbar mit der Gesamtrechtshandlung verknüpft, ein Theil von ihr.

Adalbold spricht noch mehrmals von der Gelobung des Herrschers per manus et sacramenta (S. 662, 694).

Seeliger erklärt alle diese Angaben nur für feierliche Anerkennung. Aber eine solche muss doch auch ihre rechtlichen und „feierlichen" Formen gehabt haben. Welche waren sie, wenn alle die erläuternden Worte abgezogen werden? Ist denn nicht mit: regi occurrunt, accl. suscipiunt, die feierliche Anerkennung bereits voll ausgesprochen? Sie war bereits erfolgt, als mit collaudant die Rechtshandlung der Unterwerfung begann.

Doch ich will mich mit Adalbold nicht länger aufhalten und nur noch eine merkwürdige Aeusserung bei demselben Schriftsteller hervorheben, die zur Sache gehört (S. 686). Dem Grafen Hezilo, der das Herzogthum Baiern von ihm begehrte, entgegnete Heinrich, er wolle nicht ohne die Baiern, welche „ducem eligendi potestatem tenent", darüber verfügen: si illum elegerint, eligo et laudo, si renuerint, renuo. Laudare bedeutet

---

[1]) Ein Einschnitt ist hinter suscipiunt, ganz dem Vorgang angemessen.

hier die rechtliche Bekräftigung, und die Anordnung der beiden Worte beweist, dass sie nicht synonym sind.

Nun zeigt schon Adalbold, dass an Stelle des Handschlags und des Treueides die Handerhebung treten konnte. Nicht bloss nach sächsischem Rechte [1]) vertrat sie den Eid. In einer Urkunde Friedrichs II. heisst es, dass die elevatio manuum „iuxta consuetudinem Germanorum est vinculum iuramenti" [2]). So wird sie auch bei den Königswahlen in Uebung gewesen sein.

Ueber die Form der Laudatio haben wir nach Thietmar keine Nachrichten. Denn ich gebe zu, dass die Stelle Wipos, aus der ich früher Schlüsse zog (rex manu apprehendens, fecit illum consedere sibi, vgl. KW. 81, 88), ebenso unzuverlässig ist, wie die ganze romantische Episode mit Konrad dem Jüngeren.

Dagegen erwähnen ausser Thietmar und Adalbold noch andere Quellen einen mit der Wahlhandlung aufs engste zusammenhängenden Eid, vor allen Berthold, dessen Angabe oben S. 30 im Wortlaut zu lesen ist. Die sofort abgelegte „iusiurandi fidelitas" fällt noch in die electio, denn es heisst dann: hac electione — peracta. Sie ist herkömmlich (solita) und geht unmittelbar auf die Electio: in id ipsum. Die übrigen Stellen, die ich in KW. sammelte, will ich nicht noch einmal besprechen.

Seeliger bestritt die Möglichkeit einer solchen Treueidleistung bei der Wahl, weil es im späteren Mittelalter nur vassallitische Eide gegeben habe, auf die er die erwähnten Eide bezog (M. XVI, 67). Doch ist nicht zu bezweifeln, dass es auch einen Unterthaneneid gab [3]). Mayer S. 393 erkennt ihn an, trennt aber ebenfalls die gesamte Eidesleistung von der Wahl.

---

[1]) Puntschart 334 ff.
[2]) Const. II, 240, vgl. Widukind I, 26, Thietmar II, 1. Die Sächsische Weltchronik 93, 13 überträgt die Worte der Kaiserchronik v. 1172: Romere racten uf ir hand, mit: Se sworen alle unde loveden.
[3]) M. XVII, 561 ff. Dazu kommen noch die Stellen in Ep. sacc. XIII. III, n. 74—76. Noch 1314 heisst es in dem Verkündigungsschreiben ins Reich: requirentes vos omnes et singulos, ut — Friderico — regi fidelitatis debitum praestantes etc. Olenschlager 73. Vgl. dazu Mayer 399, Anm. 66.

Die Zahl der die Kur Vollziehenden richtete sich nach der der Anwesenden und war demnach immer eine beschränkte, obgleich sich an ihr gewiss auch Manche betheiligen konnten, die nicht wirklich gewählt hatten. Da die darauffolgenden Krönungen grösseren Zufluss herbeilockten, fand bei ihnen ebenfalls eine Verpflichtung statt, wie z. B. Berthold sie erwähnt; andere folgten dann durch das Land. Ich beanspruche sie, wie früher, als Laudationen, gewissermassen als Fortsetzung der Kur nach aussen und unten. Dass jedoch die Eidesleistungen sich nicht immer auseinanderhalten und deutlich erkennen lassen, bemerkte ich M. XVII, 564.

Ich erkenne an, dass sich die so ausgeprägte Form der Laudatio nicht über die ältere Zeit hinaus nachweisen lässt; Berthold giebt noch einen Abglanz. Bereits KW. 144 habe ich ausgeführt, dass die Laudatio Aenderungen unterlag und nicht die ganze Zeit hindurch in der anfänglichen starken Form mit Handschlag vollzogen wurde. Die früh übliche Handerhebung (vgl. oben S. 49) vereinfachte ohnehin den Hergang, namentlich bei stärkerer Betheiligung.

Allmählich nahmen die Wahlen einen Charakter an, der den ursprünglichen Vollzug der Laudatio herabdrückte und abschwächte. Dennoch behielt sie die Bedeutung eines Gelöbnisses, und die Handerhebung wird sie wohl immer als äusseres Zeichen begleitet haben.

Ich habe früher für die Laudationen den Ausdruck Huldigung gewählt, weil er mir heutigen Begriffen am besten zu entsprechen schien, aber bereits M. XVII, 565 erklärt: „erscheint diese Bezeichnung zu stark, so mag man dafür ohne Bedenken Gelobung sagen". Ich nehme letzteres Wort jetzt ausschliesslich an, weil dem Mittelalter das Wort „huldigen" nicht voll geläufig war, und ausserdem die Huldigung ein blosser Akt der Gehorsamserklärung ist, sich also nicht genau mit der Laudatio deckt.

Zu untersuchen ist noch, ob der von Wipo geschilderte Verlauf der Wahl Konrads II. als Erwählung oder als Kur zu betrachten ist. Mayer, der meinen früheren Ausführungen nicht zustimmt, sagt II, 389 darüber: „Die einzige Wahl des 11. Jahrhunderts, die einigermassen das eingeschlagene Verfahren erkennen lässt, die Konrads II., verläuft anscheinend ohne Skrutinium; nachdem der Konsensus thatsächlich hergestellt ist, stimmen nun alle Wähler ausdrücklich nach einander, die, welche sich nicht angeschlossen haben, entfernen sich. Das ist die Wahlform, wie sie in der älteren Kirche annähernd zu erkennen ist".

Seeliger giebt DZm. 17 zu, dass Wipos Bericht nicht klar ist. „Wipo lässt die beiden Konrade ein Abkommen treffen, wonach jeder den andern als König anerkennen wolle, falls die Wähler sich diesem zuneigen, er lässt unmittelbar darauf zum Schlussakt der Wahlhandlung schreiten. Das ist unmöglich. Aber wenn wir annehmen, dass die Verhandlungen der herzoglichen Vettern mit einem Verzicht des jüngeren schlossen — und dafür sprechen verschiedene Erwägungen —, dann sind die Schwierigkeiten beseitigt. Mit dem Verzicht war die Entscheidung getroffen, die feierliche Schlussabstimmung durfte vorgenommen werden".

Mayer und Seeliger greifen beide zu einer Voraussetzung, der Wipos Darstellung schnurstracks widerspricht.

Wipo erzählt folgendermassen. Man hatte aus den vielen Bewerbern die beiden Vettern ausersehen. Die Mehrzahl wünschte heimlich den älteren Konrad, wagte aber ihren Wunsch aus Furcht vor Spaltung nicht zu äussern. Schliesslich kamen beide überein, quod si quem illorum maior pars populi laudaret, alter eidem sine mora cederet. Der ältere ist sich dabei der Wahl schon ziemlich gewiss, aber er will den Geist des Vetters stärken, quo minus in novis rebus perturbaretur. Daher hält er ihm eine Rede, nach der er den Vetter auffällig küsst.

Wipo knüpft den ganzen Vorgang an die vorbereitenden Verhandlungen an, ohne zu dem eigentlichen Wahlact übergeleitet zu haben. Die Verabredung kann nur wenig seitwärts erfolgt sein, da „plures" den Judaskuss sahen. Dadurch bekommen die Fürsten die Gewissheit, „utrumque illorum alteri acquievisse. Hinc sumpto iudicio concordiae consedere principes, populus frequentissimus astabat". (Jeder freut sich, nun seine Herzensmeinung eröffnen zu können.) „Arch. Mog., cuius sententia ante alios accipienda fuit, rogatus a populo, quid sibi videretur, laudavit et elegit etc."

Also kein Zweifel: Wipo stellt die Sache so dar, dass erst die durch den Spruch Aribos eröffnete Wahl die Entscheidung brachte. Nur tragen die Anhänger des Aelteren kein Bedenken mehr, für ihn zu stimmen. Die Partei des Jüngeren hegte ebenfalls noch Hoffnung, sonst hätte ihr Kandidat jenen Vertrag nicht geschlossen. Wir hätten demnach vor uns eine Abstimmung über zwei Bewerber, keine feierliche Schlussabstimmung, wie Seeliger meint. Aber mit einer erst die Person des zu Wählenden festsetzenden Abstimmung trifft in keiner Weise das von Wipo Berichtete thatsächlich überein, denn die Partei des jüngeren Konrad stimmt gar nicht mit, und wenn dieser selbst seine Stimme abgab, wo bleibt die des älteren? Ebenso zeigt die weitere Schilderung, dass mit dem erzählten Akte die Gesamtwahl zu Ende war.

Also in dem allerwichtigsten Punkte versagt nach Seeligers Auffassung Wipo und verräth die Unkenntniss, die ich ihm vorgeworfen und durch den Umstand erklärt habe, dass er der Wahl nicht beiwohnte[1]). Nur gewaltsam kann Seeliger in ihn tragen, was er nicht enthält.

Fester Bestand bleibt indessen, dass der Spruch Aribos von allen Uebrigen, auch von Konrad dem Jüngeren, zu dem ihrigen gemacht wurde, mit Ausnahme der sich entfernenden Lothringer.

Legen wir den Massstab des Sachsenspiegels an, so kann die von Wipo geschilderte Handlung nur die Kur sein. Uebrigens passen zu ihr die von Wipo gebrauchten Ausdrücke besser, als zu einer Abstimmung. Eligere kann, wie wir sahen, die Wahlverkündigung durch den Elector bedeuten und die „verba electionis" würden diese Meinung nur bestätigen. Das elegit des Kuno neutral zu fassen, ist ebenfalls zulässig.

Laudare gehört zur Kur. Oder man könnte die Tautologie anders auslegen, laudare mit „preisen" übersetzen, wie der Kürspruch im vierzehnten Jahrhundert stets die Eigen-

---

[1]) Auf meine Beweisführung darüber M. XVII, 540 ff. antwortete Seeliger DZm. 16 kurzweg, dass er in ihr keinen annähernd triftigen Grund finden könne. Auch Harry Bresslau fühlte sich veranlasst, im Neuen Archiv XXII, 584 Verwahrung gegen seine Zustimmung einzulegen.

schaften des Erwählten rühmt. Doch ich beabsichtige keineswegs, die Worte Wipos auf die Goldwage zu legen. Er kennt wohl laudare als üblichen Ausdruck und wendet ihn an, wo er von Wahlen zu berichten hat, ohne genauere Unterscheidung seines wirklichen Sinnes [1]).

Ich streiche von Wipo nur die allgemeinen Redensarten vor der Wahl und die Episode mit Konrad dem Jüngeren. Im übrigen folge ich seiner Erzählung, dass vor der Erklärung Aribos noch keine Entscheidung getroffen war. Daher schliesse ich, dass eine „Erwählung" durch Abstimmung nicht statt fand, sondern die stärkere Partei liess durch den Mainzer den älteren Konrad als König ausrufen, und die Kur ergab, wer zu ihm halten wollte. Nach allem durfte ich M. XVII, 549 sagen, dass ich Wipo wörtlicher nehme als seine Ausleger, die Abstimmung bei ihm suchen.

Besondere Beachtung verdient die vornehmliche und ausschlaggebende Rolle, welche Wipo, wenn auch in seiner unklaren Weise, den Erzbischof von Mainz spielen lässt. Sie stimmt mit dem überein, was wir sonst von dem Elector wissen; Aribo potissimum ist es, der Konrad eligirt. Und da ich glaube, im ersten Abschnitt gezeigt zu haben, dass im elften Jahrhundert in Deutschland die Einrichtung des Electors bestand, nehme ich hier Aribo als solchen in Anspruch.

Der Sachsenspiegel sagt allerdings nichts von einem Elector, aber er spricht überhaupt nicht über den geschäftsmässigen Gang der einzelnen Handlungen, den er als bekannt voraussetzt. Ist also vor ihm, zu seiner Zeit und nach ihm der Elector nachgewiesen, so ist er auch bei ihm einzusetzen.

Oben S. 32 suchte ich ausserdem nachzuweisen, dass in den Vorkürern nichts anderes als der Elector stecken kann.

Elector zu sein, war das Ehrenvorrecht von Mainz, doch konnte unter Umständen auch ein anderer Fürst des Amtes walten. Wer bei der Erwählung die prima vox hatte, besass auch Anspruch, Elector zu sein. Dass 1220 ausnahmsweise

---

[1]) So sagte ich schon M. XVII, 549. Irrthümlich wirft mir Seeliger DZm. 13 vor, dass ich in Bezug auf Wipo den Rückzug angetreten hätte.

der Bischof von Würzburg den Kürruf that, wird von der Quelle besonders begründet (vgl. S. 19).

Ueber den wesentlichen Inhalt der dabei gebrauchten Formel ist kein Zweifel.

Sie lautete — und damit stimmen auch die Ausdrücke der Kaiserchronik überein —: eligo N. in dominum regem atque rectorem et defensorem [1]). In den Wahldecreten des vierzehnten Jahrhunderts ist eine längere Begründung der Wahl in den Spruch eingeflochten [2]); ob das früher ebenfalls üblich war, wissen wir nicht. War das der Fall, so konnten natürlich die Kiesenden sie nicht wiederholen. Wahrscheinlich geschah der Kürspruch in deutscher Sprache und Ottokar lässt vielleicht die Fassung erkennen (oben S. 32). Sein „ich berufe" entpricht ganz einer Electio.

Dagegen ist nicht bekannt, wie die Formel der Kur lautete. Da Wipo von den Fürsten sagt: „singuli eadem verba electionis saepissime repetebant", so meinte man — und auch ich — dass sie den Kürspruch des Mainzers wiederholten. Möglicherweise wollte Wipo nur sagen, dass alle Fürsten sich der gleichen Worte bedienten [3]). Der Unterschied wäre kein grosser, da es sich nur darum handeln kann, ob eligo oder laudo gesagt wurde.

Die Formel wird, ihrem Zwecke nach, einem Gelöbnisse geglichen haben. Wurde sie, wie mehr als wahrscheinlich, in deutscher Sprache abgegeben, so liegt es nahe, an das Wort geloben zu denken, etwa: ich gelove N. zum Könige, wie es so oft aus der Kaiserchronik herausklingt. Beim Uebersetzen ins Lateinische ergab sich für cligere des Kürspruches das Wort laudare: laudo N. in regem, wie die Quellen, wenn auch nur mittelbar, vielfach erkennen lassen.

Wir finden in Frankreich die Formel: Laudamus, volumus, fiat. Sie erscheint dort unter etwas anderen Verhältnissen,

---

[1]) KW. 88; M. XVII, 550, 565; XIX, 408.
[2]) Auch in Pisa geschah das 1256. Die Wahlformel lautet dort: eligo et assumo, promoveo atque voco. Const. II, 491.
[3]) Vgl. M. XIX, 411.

Laudatio und Electio.

wurde auch wahrscheinlich als einheitlicher Gesamtspruch von allen Theilnehmenden gerufen[1]). In Deutschland wird der Spruch, namentlich so lange die Einzelnen kiesten, etwas anders gelautet haben.

Die Kur verschwand in Deutschland mit den veränderten Verhältnissen, und nur die einleitende Electio blieb von ihr übrig. Allerdings heisst es in den Wahldecreten, die Kurfürsten hätten die Electio gebilligt. Ich glaubte, darin den Rest der Laudatio erkennen zu dürfen, aber seitdem ich gesehen habe, dass auch die kirchlichen Wahldecrete diese Phrase enthalten, ist mir zweifelhaft, ob sie nicht lediglich aus dem Formular herübergeschleppt ist[2]).

Es ist sehr merkwürdig, dass die gleiche oder sehr ähnliche Bedeutung von laudare in bestimmtem Zusammenhange sich auf romanischem und germanischem Boden findet, obgleich sie allem Vermuthen nach auf jedem verschiedenen Ursprunges ist. Denn, wenn in germanischem Bereich laudare geloben bedeutet, so kann kaum ein Zweifel sein, dass es als Uebersetzungswort gebraucht wurde und der deutsche Begriff der ältere ist. Daher muss laudare in Italien, in Rom und in der kirchlichen Litteratur zu dem engeren Sinne der Verpflichtung auf anderem Wege gekommen sein. Hier hat wohl einfach das „Loben, Preisen" den Durchgang geboten, so dass die laudes ursprünglich den begrüssenden Zuruf an den Gewählten oder Erhobenen bedeuteten. Er wurde jedoch zum rechtlich nothwendigen Zeichen der Anerkennung, wie das bei den kirchlichen Wahlen der Fall war. In diesem Sinne kommt laus in Verbindung mit adclamare schon in den älteren Papstleben vor[3]).

Die kirchliche Laudatio ist daher der deutschen Gelobung bei den Königswahlen nicht ohne weiteres gleichzusetzen und ein Unterschied in der Bedeutung der beiden Laudationen zu

---

[1]) Beilage I und S. 56.
[2]) Oben S. 16, Anm. 2; M. XIX, 408 f.
[3]) Liber pontificalis ed. Mommsen I, 207, 210, in den Jahren 686 und 687. Gleichbedeutend sind die laudes der Römer bei der Kaiserkrönung Karls des Grossen. Ann. regni Francorum ed. Kurze ad a. 801.

machen. Doch konnten Ausdrücke und Gebrauchsweise bei dem Einfluss kirchlicher Formen auch zusammenfliessen. Möglich ist demnach, dass die 1059 in Frankreich angewandte Formel, ohnehin bei einem vorwiegend kirchlichen Akte, von der Kirchensprache beeinflusst war [1]). Die Sache und das Wesen werden dadurch nicht geändert.

---

[1]) Eine sehr ähnliche Formel begegnet bei den Papstwahlen. Den Fragen: Placet vobis? Vultis eum? Laudatis eum? folgen die Antworten: Placet, volumus, laudamus. Zoepffel Die Papstwahlen 154.

Zu KW. Beilage I, S. 215 ff. bemerke ich, dass Ernst Dümmler in den Sitzungsberichten der Berliner Akademie 1898, S. 768 die Echtheit des von Erzbischof Hatto von Mainz an Papst Johann IX. gerichteten Schreibens anerkennt.

Fünfter Abschnitt.

Ergebnisse.

Darf ich hier meine Ansicht nochmals zusammenfassen, so ist sie folgende. Den Unterschied gegen meine frühere Auffassung bildet hauptsächlich die Annahme einer wirklichen Erwählung mit Abstimmung, welche der Kur voranging. Ich glaube jedoch, dass sie erst allmälig entstanden ist, dass ursprünglich nach formloser Berathung die Ausrufung des Königs durch Eine Person und dann die Gelobung der Anwesenden durch Handschlag und Treueid erfolgte, und dass diese Kur die Hauptsache der Wahl war.

Von den Wahlen Konrads 1. und Heinrichs I. wissen wir zu wenig, um uns eine Vorstellung zu machen. Dann folgten Designationen, die, wie die Quellen sie darstellen, im Grunde nur auf Anordnung des regierenden Vaters geschahen, so dass den Grossen nicht viel mehr als die Ausführung blieb, die sie in althergebrachten Formen vollzogen haben mögen. Daher kam es, dass bei Heinrich II. die einzelnen Laudationen, wie sie Thietmar und Adalbold bezeugen, erst sein Königthum bekräftigten. Deshalb auch die starken Formen, in denen sie hier begegnen.

Als der kinderlose Tod Heinrichs II. den Thron rasch wieder erledigte, hatten die Fürsten etwas gelernt; eine Reichsversammlung wurde berufen und trat zusammen. Eine Erwählung durch Abstimmung fand jedoch noch nicht statt; vermuthlich beschloss die stärkere Partei, den älteren Konrad als

König auszurufen, und die Kur ergab, wer sich zu ihm halten wollte. Wenn auch dann Konrad II. und Heinrich III.[1]) in alter Weise ihre Söhne designiren liessen, war doch der Gedanke, dass die Fürsten den Thron zu besetzen hatten, belebt worden, so dass die Feinde Heinrichs IV. in Rudolf einen Gegenkönig aufwarfen. Seine Wahl ging aus einem Beschluss der Geistlichkeit hervor, den der Mainzer eröffnete; die Laien vollzogen nur die Kur. Die damalige Absicht der Fürsten, mit Rudolfs Hause keine neue erbliche Dynastie zu begründen (KW. 45 ff.), ging durch die Ereignisse in Erfüllung, und man kehrte mit der Designation Heinrichs V. wieder zu den Saliern zurück. Da starb dieser ohne Sohn und Verwandte im Mannsstamme. Inzwischen hatte mehr und mehr die Anschauung Platz gegriffen, dass die ständigen Träger des Reiches die Fürsten seien, der König nur der jeweilige Inhaber, die bei der Wahl Lothars Bethätigung fand. Dass einfache Erwählung durch Abstimmung noch nicht herkömmlich war, zeigen die Versuche, auf anderem Wege das Ziel zu erreichen. Wie schliesslich die Einmüthigkeit für Lothar hergestellt wurde, erfahren wir nicht, aber jedenfalls kam ein gemeinsamer Beschluss zu Stande, so dass Herzog Friedrich von Schwaben sich fügen musste[2]).

Konrads III. Erhebung war nur eine vom Glück begünstigte Ueberrumpelung, aber Friedrichs I. Thronbesteigung, weil sie den nach alter Anschauung berechtigten Erben umging, wird auf Grund ausdrücklicher Beschlüsse erfolgt sein[3]). Unter ihm

---

[1]) Seeliger hat M. XVI, 70 und Waitz VG. VI, 198, Anm. 2 das iustus bei Hermann, Scr. V, 137: si rector iustus futurus esset, für „rechtmässig" erklärt. Dem stimme ich durchaus bei. Erst nach des Vaters Tod sollte Heinrich IV. wirklicher König werden. Entsprechende Stellen bei Luchaire Hist. des institutions monarchiques de la France I, 66 und 75.

[2]) Mayer 389 hält die Nachrichten, welche Gewold De sacri Rom. imp. septemviratu (Ingolstadt 1621, S. 78 ff.) über die Wahlen Lothars und Friedrichs I. nach Amandus und Welbertus mittheilt, für echt. Aber Wortform und Wendungen machen so den Eindruck späterer Zeit (etwa 16. Jahrhundert), dass ich mich dem bisherigen ablehnenden Urtheile anschliessen muss.

[3]) Ich bemerkte schon M. XVII, 554, Anm. gegen Simonsfeld, dass der überaus kurze Zwischenraum zwischen Konrads III. Tode und der Wahl

hören wir die erste zuverlässige Kunde von einem Wahlverfahren „secundum ordinem". Wie dieser Ordo war, ist unbekannt, ebenso wie weit er sich nach unten erstreckte, ob er eine bestimmte Scheidung der zur wirklichen Wahl oder nur zur Kur Berechtigten herbeiführte. Jedenfalls bot die Folgezeit keine Gelegenheit, ihn auszubilden.

Die Designation Heinrichs VI. war wieder vornehmlich das Werk des mächtigen Vaters; die Quellen sprechen von ihr fast ebenso, wie zwei Jahrhunderte früher unter Otto I. von der Nachfolgesetzung Liudolfs und Ottos II. Wie es 1196 bei der Designation Friedrichs II. im Einzelnen herging, ist nicht überliefert.

Da kam der grosse Zusammenbruch des alten Reiches durch die Doppelwahl von 1198 und ihre langen Nachwirkungen. Weil die Gegner der Staufer nach ihrer Willkür über den Thron verfügten, betonten sie ihr Wahlrecht in einer früher nie vorkommenden Weise. Die Unsicherheit über die Giltigkeit der Wahlen führte weiter zu der erwägenden Prüfung, wie sie sich feststellen lasse. Unter diesen Eindrücken entstand der Sachsenspiegel, und er suchte, möchte man sagen, einen Mittelweg zwischen dem Alten und Neuen. Die Erwählung ist ihm massgebend. Aber das Recht dazu wird allen Fürsten bewahrt, und der rechtliche Abschluss ist noch in altherkömmlicher Weise die Kur, von der deshalb die Aufzeichnung ausgeht. Um der Kur diese Rechtskraft zu erhalten, wird sie mit Bürgschaften umgeben. Bei einer das ganze Reich bindenden Wahl soll die Kur zuerst von sechs genannten Fürsten vollzogen werden.

Obgleich der Sachsenspiegel nur ein Vorkürrecht, nicht ein vorwiegendes Wahlrecht begründete, wurde bestimmten Fürsten damit ein Vorrang zugesprochen. Zwar hat Friedrich II. noch die Designationen seiner Söhne Heinrich und Konrad durch-

---

Friedrichs I., noch keine drei Wochen, sehr auffällig ist. Dem sucht R. Holtzmann in DV. 1898 S. 193 f. zu begegnen durch die Annahme, dass zu dem Wahltage am 4. März die Ausschreiben noch zu Konrads III. Lebzeiten auf dessen letztem Reichstage zu Bamberg erlassen worden seien. Aber die Stelle bei Wibald Ep. 504, auf die er sich beruft, giebt dafür keinen genügenden Anhalt.

gesetzt, aber seine Regierungsweise trug dazu bei, die fürstliche Gewalt zu fördern. Daher nennt die Urkunde über Konrads IV. Wahl nur die betheiligten grossen Fürsten[1]). Am meisten gewannen dadurch die Grossen und wenn es fortan galt, einen König zu machen, konnten sie den Entscheid an sich reissen; die Kleinen fügten sich oder thaten nicht mehr mit. Ebenso durch die Macht einzelner Fürsten, wie durch die einreissende Theilnahmlosigkeit an den öffentlichen Dingen, durch das Eingraben in die örtlichen Interessen, ist das Reich gelöst worden. Wie Konrad IV. wenig Anhänger zu thatkräftiger Unterstützung besass, so haben auf der anderen Seite auch nur wenige Fürsten an den Wahlen des Thüringer Heinrich und des holländischen Wilhelm theilgenommen. Sie waren thatsächlich die eigentlichen Wühler, während die Kur noch immer von einer grösseren Zahl geleistet werden konnte. Aber, da der Beschluss der Grossen genügte, wurde sie bedeutungslos. Ging doch auch die alte Anschauung, welche alle Rechtsverhältnisse zu persönlichen machte, in den territorialen Interessen unter.

Daher glaube ich, dass es in Folge der Verwirrung überhaupt nicht zu einer klaren Entwicklung des Wahlwesens gekommen ist. Das alte allgemeine Wahlrecht gerieth in Vergessenheit durch Nichtübung, weil nie mehr eine geordnete Wahl die Gesamtheit vereinigte. Aber die Kur durch einen Elector erhielt sich als alter Brauch und so erscheint sie auch 1257 als altherkömmliche Weise, den König zu setzen. Die Wahlberichte der beiden Parteien thun die Erwählung kurz ab, gedenken dagegen ausdrücklich der Electio.

Eingetreten war der Umschwung, dass theils in Folge des Aussterbens mehrerer grosser Häuser, sowie des Zurücktretens der Grafen[2]), noch mehr in Folge der Gleichgiltigkeit und der Zerklüftung das ganze Wahlwesen denen zufiel, die danach griffen, und das waren die, welche der Sachsenspiegel als Vorkürer bezeichnet hatte. Man braucht nur die Rechtssätze über die Wahl zu lesen, welche von Richards Seite dem Papste

---
[1]) Ein Wahldecret ist das von der kaiserlichen Kanzlei mit aller ihrer Stilpracht abgefasste Document (Const. II, 439) nicht zu nennen.
[2]) Mayer 395 ff.

mitgetheilt wurden, um die künstliche Mache zu erkennen. Deshalb halte ich auch jetzt, wie früher KW. 208, dafür, dass im Pfalzgrafen Ludwig II. derjenige zu erblicken ist, der die Theorie des Sachsenspiegels in die Praxis einführte. Die Folge war, dass auch seine Gegner, namentlich Trier, das neue Recht anwandten. Bestand doch damit die beste Aussicht, eine scheinbar rechtmässige Wahl zu Stande zu bringen, weil man die Giltigkeit der wenigen feindlichen Stimmen bestreiten konnte, wie es auch dann beide Parteien gethan haben. So wurde das Vorkürrecht, das die Electio einschloss, von selbst zum ausschliesslichen und vollständigen Wahlrecht.

Konnte wegen der geringen Zahl der Theilnehmer weder für Richard noch für Alfons eine wirkliche Erwählung stattfinden, so war sie bei einer von sämtlichen Kurfürsten vollzogenen Königseinsetzung von vornherein gegeben. So zäh war indessen die alte Ueberlieferung, dass man den rechtlichen Ausdruck noch in die Kur legen wollte, aber von ihr blieb unter diesen Umständen nur die einleitende Electio bestehen, so dass die alte Laudatio fortfiel.

Lässt sich meiner Ansicht nach auf diese Weise der Entwicklungsgang zeichnen, so wird es wohl immer vergebliche Bemühung bleiben, eine deutliche Vorstellung der einzelnen Schritte zu gewinnen, weil in Folge der Verwirrung selbst die Betheiligten nicht aus klaren Vorstellungen heraus handelten. Deshalb will ich hier nicht wiederholen, was ich in KW. ausgeführt habe.

Nur noch einige Bemerkungen. Auch Mayer sieht von einem Einflusse des Reichsfürstenstandes ab. Ein Beweis dafür ist noch nicht geführt, wie überhaupt die Stellung dieses Standes in der ersten Zeit im Unklaren liegt.

Die Veranlassung zu dem Hervorheben der Sechs erblickt Mayer 387 f. in ihrer Bestimmung als Scrutatoren, und stützt seine Meinung durch die Angabe im Lehnrecht, dass sie auch dem Papste die geschehene Wahl anzeigen und deshalb den Römerzug mitmachen sollen[1]). Er ertheilt ihnen demnach

---
[1]) Eine ähnliche Anschauung hat schon im elften Jahrhundert der Mailänder Arnulf, der an der bereits oben S. 20 angeführten Stelle (Scr. VIII, 12) fortfährt: Unde ratum videtur, ut manus, quae benedicit et prius

eine Art richterlicher Befugniss. Das ist auch meine Auffassung (KW. 199), nur dass ich die Kurfürsten aus dem weltlichen Rechte ableite und sie wie Eideshelfer, als Zeugen der Wahl, ansehe. Die nahe Verwandtschaft mit dem Rechtsleben, das in laudare und kiesen liegt, mag meine Ansicht bestätigen, und mit ihr hängt auch die Bedeutung des Pfalzgrafen zusammen.

Ob der Sachsenspiegel die Idee von mehreren Wahlverkündigern bereits vorfand oder sie erst ersann, ist nicht auszumachen. Doch halte ich daran fest, dass die Auswahl sächsischen Ursprunges ist, und die Aufnahme des Brandenburgers thut dar, dass er nicht allzuweit zurückliegt. Das Neuland macht sich hier zum ersten Male geltend. Böhmen vollends kann zu diesem auserlesenen Kreise erst im dreizehnten Jahrhundert gerechnet worden sein, weil erst damals der dortige Herrscher in das Reich hineinwuchs. Kirchhöfer hat ganz Recht, wenn er sagt, Philipp hätte ihn nicht zum Könige erheben können, wenn er damals schon ein voller deutscher Reichsfürst gewesen wäre [2]).

Mayer 388 theilt die oft ausgesprochene Ansicht, dass man zu dem Ehrenamt die Erzbeamten herangezogen habe. Ich kann hier nur wiederholen, was ich schon M. XVII, 580 sagte: ich würde ebenfalls unter den verschiedenen Möglichkeiten der Ableitung von den Erzämtern den Vorzug geben, wenn nicht zu grosse Schwierigkeiten im Wege stünden. Dagegen spricht auch, dass die weltlichen Kurfürsten erst sehr spät anfingen, ihr Erzamt im Titel zu führen; in den Wahldecreten bis zur Goldenen Bulle wird es nie erwähnt.

---

coronam imponit regni —, repraesentet regem ad imperium promovendum S. Petro. Eine solche Meinung konnte bei der Wichtigkeit der Kaiserkrönung leicht entstehen. Sie liesse sich vielleicht vereinigen mit meiner Deutung des Kurfürstenthums, doch denke ich noch wie KW. 199, dass hier eine einzelne Handlung symbolisch einen Rechtssatz veranschaulichen soll.

[2]) Zur Entstehung des Kurcollegiums 83.

Beilage I.

Das französische Protokoll von 1059.

In M. XIX, 406 ff. habe ich ein bei der Designation und Krönung des jungen Philipp I. von Frankreich ausgestelltes Protokoll besprochen und aus ihm nachgewiesen, dass damals der Erzbischof von Reims als Elector waltete und die übrigen Herren nur die Laudatio vollzogen. Seeliger bekämpft in der Historischen Vierteljahrschrift 1898 S. 511 ff. meine Schlüsse auf das Lebhafteste. Er versichert sogar: „Der eifrigste Gegner hätte kaum geschickter Zeugnisse auswählen können, die so deutlich gegen die neue Theorie sprechen".

Ich theile deshalb den Text aus Bouquet XI, 31 mit und behalte die Interpunction und die grossen Buchstaben bei, wie sie Bouquet giebt, obgleich er sie kaum dem Original entnommen hat. Bekanntlich hatte das Mittelalter eine andere Weise der Zeichensetzung, als wir, so dass es die Sache des modernen Herausgebers und Beurtheilers ist, sie nach unseren Bedürfnissen zu gestalten. Weil hier jedoch das Wie? streitig ist, will ich nicht vorgreifen, denke aber, wer den Text unbefangen überliest, wird über die Satzeintheilung nicht zweifelhaft sein.

Bei der Messe las der siebenjährige Prinz, der „futurus rex", das Glaubensbekenntniss und den Königseid ab und legte die Formel des letzteren schriftlich in die Hände des von zahlreicher, namentlich aufgeführter Geistlichkeit (2 Erzbischöfe, 20 Bischöfe, 29 Aebte) umgebenen Erzbischofs nieder. Accipiens baculum S. Remigii disseruit (Gervasius) quiete et pacifice, quomodo ad eum pertineat maxime electio regis et consecratio regis. — — Tunc annuente patre eius Heinrico elegit eum in regem. Post eum, Legati Romanae sedis, cum id sine papae nutu fieri licitum esse disertum ibi sit, honoris tamen et amoris gratia tum eius ibi affuerunt Legati. Post hos, Archiepiscopi et Episcopi, Abbates et Clerici. Post, Widdo Dux Aquitaniae. Post, Hugo filius et Legatus Ducis Burgundiae. Post, Legati Balduini Marchionis, et Legati Gaufridi Andecavensis Comitis. Deinde Comites [12 an Zahl]. Post, milites et populi tam maiores quam minores uno ore consentientes, laudaverunt, ter proclamantes: Laudamus, Volumus, Fiat. — et ita consecravit eum in regem.

Die Deutung des Textes hängt vor allem davon ab, ob hinter elegit eum in regem (oben Zeile 2) ein Punkt und zwar als Sinn- und Satzabschluss zu setzen ist, ob also elegit und das spätere laudaverunt verschiedene Handlungen sind. Dann erst wird sich sagen lassen, welcher Art sie sind, denn die Quellenstellen sind dazu da, dass sie das Wesen einer Sache lehren, nicht dass sie mit vorgefasster Meinung zurechtgeschnitten werden.

Der Erzbischof legt auf sein Recht der Electio und Consecratio so grossen Werth, dass er eine längere Rede darüber hält. Beide sind gleich gesetzt; wie die Consecratio nur ein Einzelner vollziehen kann, so erscheint auch die Electio als Einzelrecht, das vornehmlich Reims gebührt. (Vgl. oben S. 20 über Mainz.) Der Erzbischof eligirt darauf annuente patre; da der König die Nachfolge des Sohnes an sich schon gebilligt hat, kann er nur die augenblickliche Thätigkeit des Reimsers, dass dieser die Electio ausübt, genehmigen.

Darauf werden die Legaten angeführt. Sie sind nur Ehrenhalber zugelassen, weil festgestellt ist: id sine nutu papae fieri licitum esse. Was ist das „id"? Doch nur die eben geschehene Electio.

Die Legaten vertreten den Papst und haben dieselben Befugnisse, wie er sie haben würde. Ihre Anwesenheit könnte den Verdacht erwecken, dass jener irgend ein Recht an der Handlung hätte; daher der eingelegte Protest. Dieses bestrittene Recht wird als „nutus" bezeichnet. Es ist also dasselbe, das eben der König ausgeübt hat (annuente), — die

Ausdrücke sind ganz gleich —, nämlich die Gestattung der durch den Reimser vollzogenen Electio. So wenig der König eligirte, so wenig thun es demnach die unter Verwahrung zugelassenen Legaten. Sie eligiren nicht und folglich auch nicht die nachher Genannten, die mit ihnen in eine Reihe gestellt sind. Ueberdiess, thäten sie das Gleiche, wie der Erzbischof, hätten sie vor ihm den Vortritt haben müssen.

Die Handlung des Reimsers ist also eine für sich bestehende, von dem Folgenden verschiedene, und daher durch einen Punkt als geschlossener Satz zu sondern. Ohnehin enthält das Schriftstück lauter knappe und klare Sätze. Dann ist für den ganzen folgenden Satz allein das Verbum laudaverunt vorhanden, und es reicht von den Legaten bis zum Ende durch.

Seeliger sagt S. 516: „Die Thätigkeit der Legaten reihte sich eben als gleichartig der des Reimsers an (post eum), ähnlich wie die der Erzbischöfe u. s. w. derjenigen der Legaten folgte" (post eos). Seine Beweisführung hängt also daran, dass das Protokoll statt: „tum" „post eum" sagt.

Sehr leicht möglich, dass hier nicht der Zufall die Wahl der Worte bestimmt hat, freilich in anderem Sinne, als Seeliger meint. Mit voller Absicht, um zu bekunden, dass die Legaten in diesem Falle keinerlei Recht hatten, mag hervorgehoben sein, dass sie dem Reimser nachfolgten.

Doch abgesehen davon, das dünne Fädchen Seeligers hält nicht. Denn die Verknüpfung mit post geht durch das Ganze und schliesst vollständig auch das Volk an. Will er etwa betonen, dass Anfangs hinter dem post noch ein eum und dann noch ein hos, nachher aber post allein stehe, dann würden auch der Herzog Wido von Aquitanien und die anderen Grossen zur Masse gerechnet.

Soll also dem Texte irgend eine Giltigkeit zugeschrieben werden, so eligirt der Erzbischof allein, alle übrigen laudiren. Ein drittes giebt es nicht. Allenfalls könnte man, wenn das „post eum" durchaus wörtlich genommen werden soll, daran denken, dass der Erzbischof an seinen Kürspruch als Erster die persönliche Gelobung knüpfte. Denn selbstverständlich muss auch der Elector sie ausgesprochen haben.

Seeliger ist zu seinem Widerspruche und zu seiner künstlichen Textauslegung, die es ihm „wahrscheinlich scheinen" lässt, „dass zu diesen Subjecten Praedicate zu ergänzen sind, die dem elegit des Erzbischofs entsprechen", vor allem dadurch gekommen, dass er mit vorgefassten Meinungen an das Schriftstück ging. „Sollte es denkbar sein: aus Liebe zum Nachfolger Petri habe man römische Vertreter zur Huldigung d. h. zum Treugelöbniss mit Handschlag zugelassen?" Wenn die Legaten darauf eingingen und dem künftigen König eidlich Gehorsam gelobten, wäre das den Franzosen ganz angenehm gewesen. Jedenfalls wäre es denkbarer, als dass die Franzosen die Legaten ein Wahlrecht ausüben liessen, gegen das man eben erst feierlich Verwahrung eingelegt hatte.

Seeliger hätte in diese groteske Uebertreibung um so weniger verfallen dürfen, als ich schon M. XIX, 412 gesagt hatte, dass die Verbindung von Wahl oder vielmehr Designation mit der Krönung die Sachlage in Frankreich etwas anders gestaltete, als in Deutschland. Zugleich galten in Frankreich Krönung und Salbung mehr als dort, und die lange Reihe der Designationen gab allen dabei vorfallenden Handlungen mehr Formelhaftes.

Seeliger hat ein Wort übersehen, das für sich allein seine Behauptung unmöglich macht. Hinter den Abbates, deren Namen vorher aufgezählt sind, werden noch namenlose Clerici erwähnt. Sie stehen vor den weltlichen Fürsten. Also müssten auch diese geringen Geistlichen genau dasselbe gethan haben, wie der Erzbischof und die Legaten! Denn laudirt haben ja nach Seeliger nur die Ritter u. s. w. Es ist offenbar, dass die Kleriker bei dem geistlichen Stande dasselbe sind, wie jene beim weltlichen.

Auf die Legaten kommt es zur Beurtheilung der Handlung wenig an, weil sie nach dem Protest nur Ehren- und Schmuckfiguren waren. Nichts verfängliches war es für sie als Ehrengäste, wie die übrige Versammlung die Rechte zu erheben und in den allgemeinen Spruch einzustimmen. Denn ich glaube nicht, dass von den Genannten, deren Zahl ohnehin sehr gross ist, über siebzig, jeder in Person hervortretend und seinen Spruch sagend die Laudation vollzog. Der Akt der Handlung, in der Kirche, spricht ebenfalls dagegen. Wenn dennoch die Namen in dem Protokolle verzeichnet wurden, so hatte das seinen guten Grund, um die an der Handlung Betheiligten officiell festzustellen. Natürlich würde jedoch an dem Sachverhalt nichts geändert, wenn erst Einzelne, dann die Menge laudirt hätten. In Frankreich kam es nicht zur Ausbildung eines Wahlverfahrens, wie nachher in Deutschland, und auch dort war bei den Designationen zu Lebzeiten des Vaters, wie sie in Frankreich nach der Erhebung Hugos lediglich vorkamen, von Wahl nicht viel die Rede. Die althergebrachte Idee der Erblichkeit ist in Frankreich nie so schwer gestört worden, wie in Deutschland. Es blieb in Frankreich dabei, dass, nachdem die Väter sich der Bereitwilligkeit der Grossen versichert hatten, die von der Electio vorbereitete Laudatio die Herren verpflichtete. Gewählt haben letztere nie, sondern nur den neuen König gelobt[1]). Die Laudatio sank daher früher als in Deutschland zur Form herab. In Deutschland hörte sie auf, weil ein wirkliches Wahlrecht aufkam, in Frankreich, weil die Erblichkeit durchschlug. Doch so lange sie bestand, waren in beiden Reichen Name und Zweck dieselben[2]).

---

[1]) Dass anfänglich auch in Frankreich die Handlung als persönliche und freiwillige Verpflichtung galt, bezeugt Abbo von Fleury (M. XIX, 450): Melius est electioni principis non subscribere, quam post subscriptionem electum contemnere.

[2]) Vgl. auch oben S. 20 f. und 54 ff., wo bemerkt ist, dass die damals angewandte Laudationsformel wahrscheinlich bereits kirchlich beeinflusst war.

Beilage II.

Der Elector zur Zeit Philipps.

Guido von Praeneste, der Legat von Innocenz III., hatte 1201 in Köln die Entscheidung des Papstes für Otto IV. öffentlich verkündigt. Im Januar 1202 schrieben die Anhänger Philipps an Innocenz: wo stünde zu lesen, dass die Päpste oder ihre Boten sich jemals in die Wahlen der Könige eingemischt hätten, ut vel electorum personam gererent vel ut cognitores electionis vires trutinarent? — Prenestinus episcopus in regis electione se ingessit, nec videre possumus, cuius personam inculpabiliter gerat. Gerit enim vel personam electoris vel personam cognitoris. Si electoris, quomodo quesivit opportunitatem, qualiter arbitris absentibus mendacio veritatem et crimine virtutem mutaret. Quomodo enim ea pars principum, quam numerus ampliat, quam dignitas effert, iniuste nimium est contempta? Et si cognitoris, hanc gestare non potuit[1]).

Innocenz III. entgegnete darauf folgendes: die Fürsten hätten sich beschwert, quod — legatus aut electoris gessit aut cognitoris personam: si electoris, in alienam messem miserat falcem suam et electioni se ingerens principum derogaverat dignitati; si cognitoris, absente altera partium videtur perperam processisse, cum citata non fuerit et ideo non debuit contumax iudicari. — Legatus — nec electoris gessit personam, —, utpote qui nec fecit aliquem eligi nec elegit et sic electioni se nequaquam ingessit; nec cognitoris personam exhibuit, cum neutrius electionem quoad factum eligentium confirmandam duxerit aut etiam infirmandam. — Exercuit autem denunciatoris officium[2].

---

[1]) Const. II, 6.
[2]) Const. II, 505, f.

Wenn die deutschen Fürsten behaupten, der Legat habe sich die Rolle eines Electors angemasst, so muss es bei der Königswahl eine solche „Persona" gegeben haben; sonst hätten sie eine solche Anspielung nicht machen können. Da sie dem Legaten vorwarfen, dass er Otto als rechtmässigen König verkündigt hätte, muss folglich die Thätigkeit eines Electors eine derartige gewesen sein. Das wird bestätigt durch den weiteren Vergleich mit einem cognitor, einem Richter. Ein Elector aber, erklären die Fürsten, kann seines Amtes nur walten, wenn die „arbitri" zugegen sind, und Richter zu sein, hatte der Legat kein Recht, da es keinen Richter über eine Königswahl giebt.

Innocenz erwidert: der Legat sei nicht Richter gewesen, weil er die Wahl nicht quoad factum eligentium prüfte. Er sei auch nicht Elector gewesen, denn ein solcher: eligit vel facit eligi. Beides habe der Legat nicht gethan.

Wir haben also in der Beschreibung von beiden Seiten deutlich den Elector, den Verkünder und Vollzieher der rechtmässigen Wahl vor uns, wie er uns in den deutschen Urkunden von 1257 ab entgegentritt.

Ich habe diesen Sachverhalt bereits KW. 140 dargelegt. Seeliger hat mir M. XVI, 60 ff. widersprochen. Ich bemerkte M. XVII, 555, dass mir seine Ausführung nicht recht verständlich sei, besprach sie aber nach Möglichkeit. Darauf erklärte Seeliger DZm. 19 Anm. 1, er habe meine Ansicht widerlegt und lehnte es ab, nochmals darauf einzugehen. Ich kann daher hier nur seine an erster Stelle gemachten Einwürfe zum zweiten Male beantworten. Seeliger fand als Inhalt der Aussagen der Anhänger Philipps „lediglich, dass nach ihrer Auffassung die Thätigkeit eines Electors anders beschaffen sein müsse, als die des Legaten. — Mit elector ist hier nicht ein besonderer Kürrufer, sondern ein Wähler gemeint", „ein Königswähler schlechthin", wie nachher Seeliger sagt.

Ich verweise auf den Wortlaut. Die Fürsten beschweren sich, dass der Legat ihm nicht zukommende Aemter ausgeübt hat (gerit personam electorum), Innocenz entgegnet: er hat sie nicht ausgeübt. Der Elector giebt wohl auch in der Erwählung seine Stimme ab (eligit, wie der Papst sagt), aber der

„Königswähler schlechthin" verkündet nicht die Wahl als rechtmässig und lässt sie die Anderen in der Kur bestätigen (facit eligi). Der Vorwurf, dass der Legat, wenn er als Elector handelte, sein Amt falsch ausübte, bezieht sich darauf, dass er „arbitris absentibus" vorging und mit Missachtung der Mehrheit einen unrichtigen König ausrief. Dinge, die dem „Königswähler schlechthin" nicht obliegen. Der Elector hat die Pflicht, bei der Wahl zugegen zu sein und den Willen der Mehrheit auszusprechen.

E. Mayer hat sich durch Seeligers Einwürfe nicht hindern lassen, den Elector in diesem Schriftenwechsel voll anzuerkennen; er baut sogar einen guten Theil seiner Ausführungen darauf. Aber im Gegensatz zu mir findet er II, 387 hier den kirchlichen Elector, und will zugleich Scrutatoren nachweisen, nämlich in den arbitri des fürstlichen Schreibens. In dem Vorwurf gegen den Legaten stecke zweierlei: „er handelt ohne die übrigen arbitri und er hat die Wahl unrichtig festgestellt". Gegen mich gewandt, erläutert Mayer seine Ansicht dahin: „Es ist einerseits vollkommen unmöglich, die einzelnen Wahlberechtigten als arbitri zu erkennen, denn die Wahl ist kein Gericht. — Es ist andererseits unpassend, ein Handeln ohne die übrigen Scrutatoren als Verschmähen der Mehrheit zu bezeichnen".

Ich berufe mich zunächst auf meine Ausführungen, welche die Annahme Mayers, dass der Königswahl kirchliche Einrichtungen zu Grunde lagen, bekämpfen (oben S. 16). Ausserdem kommt die Bezeichnung „Arbiter" nicht allein für gerichtliche Verhältnisse vor. Ferner beweisen die oben S. 11 aus Bernardus mitgetheilten Sätze, dass arbitrium die durch die Wahl abgegebene Willenserklärung bedeutet, demnach arbitri kurzweg die Wähler sind. Dass bei den Königswahlen mehrere Scrutatoren fungirten, ist nicht nachweisbar, war auch nicht der Fall in der späteren Zeit. Gab es deren nicht, so hatte der Elector allein den Wahlbeschluss festzustellen. Dem als Elector bezeichneten Legaten konnte daher in der That vorgeworfen werden, dass er die Mehrheit verschmäht hätte.